Claudio Freidzon

GEFÄSSE IN SEINER HAND

Die Wiederherstellung eines erfüllten Lebens

Claudio Freidzon

Gefäße in seiner Hand

Die Wiederherstellung eines erfüllten Lebens

Hassmann-Verlag, Fürth

Im Original erschienen bei Creation House, Strang Communications Company, 600 Rinehart Road, Lake Mary, Florida 32746, U.S.A.
mit dem Titel: „Treasure in Jars of Clay“.

Hassmann-Verlag, Otto-Seeling-Promenade 14, 90762 Fürth
Homepage: www.vrh.de
E-Mail: info@vrh.de
Tel.: 0911/7402938 Fax: 0911/7402941

Übersetzung: Benita Chemnitz
Covergestaltung: Image Grafik-Design GmbH, Landsberg am Lech
Druck: Breklumer Druckerei Manfred Siegel, Breklum

Die Bibelzitate sind, soweit nicht anders vermerkt, der revidierten Elberfelder Übersetzung entnommen.

ISBN 3-932491-37-8

INHALT

Widmung 7
Anerkennung 9
Vorwort 11
Einführung 13

1. Tönerne Gefäße 15
2. Ein verzweifeltes Gefäß 29
3. In Stücke gebrochene Gefäße 35
4. Leere Gefäße 47
5. Zerbrochene Gefäße 57
6. Verachtete Gefäße 63
7. Unreine Gefäße 69
8. Rebellische Gefäße 79
9. Gefäße des Fluches 87
10. Verhärtete Gefäße 97
11. Heilige Gefäße 105
12. Wiederhergestellte Gefäße 113
13. Ausgegossene Gefäße 123
14. Kriegsgefäße 131
15. Alabastergefäße 139
16. Ölgefäße 145
17. Wassergefäße 153
18. Salzgefäße 161
19. Gefäße der Herrlichkeit 169
20. Schlußworte 177

Über den Autor 181

WIDMUNG

Für …

- Betty – eine mehr als exzellente Ehefrau … du bist ein Instrument Gottes.
- Meine Tochter Daniela – du bist in der Blüte deiner Jugend, und du bist alles, was ich mir jemals hätte wünschen können!
- Meinen Sohn Sebastian – stark und mutig. Gott hat große Dinge für dich bereitet! Ich habe gelernt, deine Freundschaft und Gemeinschaft zu genießen.
- Meinen Sohn Ezequiel – unseren Jüngsten. Du bist der Grund meiner Sanftheit und meines Lachens.
- Jeden einzelnen der Geschwister der Gemeinde „König der Könige" (Iglesia Rey de Reyes) – ich könnte mir gar nicht vorstellen, wie mein Leben ohne euch aussähe. Ich liebe euch von ganzem Herzen, und es ist ein Vergnügen und eine große Ehre, euer Pastor zu sein.
- Jedes einzelne Mitglied in der Leiterschaft der Gemeinde „König der Könige" – danke für eure Teilnahme an den Kämpfen und Siegen im Werk Gottes und dafür, daß ihr die sich vervielfältigende Vision vorantreibt, die Gott uns für Argentinien gegeben hat.
- Meinen Herrn, meinen Töpfer – ich werde dich in alle Ewigkeit preisen für deine Treue im Umgang mit mir, einem einfachen Tongefäß.

ANERKENNUNG

- Meinem großartigen Freund Carlos Mraida, dessen Unterstützung und Stärke mich ermutigten und dieses Buch zu einer Realität werden ließen.
- Marcelo Doynel, dessen unermüdliche Hilfe dieses neue Projekt möglich machte.
- Jedem Mitglied der Gemeinde „König der Könige“, das sein Lebenszeugnis niedergeschrieben und damit dazu beigetragen hat, Gott in diesem Buch zu verherrlichen.

VORWORT

Trotz all der Jahre, die vergangen sind, ist in meiner Erinnerung der junge Pastor frisch geblieben, der zu meinen ersten Evangelisationen kam, voller Neugier und Eifer, die Liebe und Kraft Gottes kennenzulernen. Damals wußten wir noch nichts über die tiefen Bande der Freundschaft, die unsere Leben verbinden würden in der kostbaren Aufgabe, zu der wir berufen sind. Doch diese Freundschaft gedieh und wuchs in Festigkeit und Zuverlässigkeit und härtete sich in jenen unwiederbringlichen Augenblicken, in denen wir uns gemeinsam im Gebet dem Gott alles Mitgefühls nahten und unter Tränen um eine größere Offenbarung seiner Person flehten, damit seine geliebte Gemeinde wachgerüttelt und die Verlorenen errettet würden.

Wenige Jahre später gefiel es jenem treuen Töpfer, in seinen sanften, liebevollen, barmherzigen und festen Händen ein ganz besonderes Gefäß zu formen.

Lieber Leser, dieses neue Buch meines Freundes Claudio Freidzon ist zweifellos das Produkt seiner eigenen Erfahrung mit einer Beziehung, die Gott für unsere Leben möchte – eine Beziehung, in der wir uns bedingungslos demjenigen hingeben, der uns kennt wie kein anderer, und der uns mit feinfühliger und unermüdlicher Hand in sein Ebenbild formt.

Dieses Buch zeigt das Resultat dessen, was er durch solche Gefäße tun kann, wenn er sie erfüllt und überfließen läßt mit unerschöpflichen frischen Wassern. Jedes niedergeschriebene Zeugnis wird diese Resultate aufzeigen.

Ich danke Gott für den Dienst von Claudio Freidzon, der mein Leben und meine Familie gesegnet hat und heute so viele Länder der Welt berührt.

Carlos Annacondia

EINFÜHRUNG

In diesen letzten Jahren hat mir Gott in seiner unendlichen Gnade und seinem Erbarmen das Vorrecht gegeben, ihm in vielen der wichtigsten internationalen Konferenzen als Prediger zu dienen und als Evangelist Tausenden in großen Massen-Evangelisations-Veranstaltungen. Neben Diensten in den wichtigsten Städten meines Landes Argentinien wurde ich eingeladen in viele Länder weltweit – Uruguay, Chile, Ecuador, Brasilien, El Salvador, Costa Rica, die USA, Kanada, Spanien, Deutschland, die Schweiz, Italien, Ungarn, die tschechische Republik, Österreich, England, Burkina Faso, Kongo, Japan, Australien. Dieser Dienst an den Nationen nimmt einen sehr wichtigen Platz in meinem Dienst für Gott ein, und durch ihn hat der Herr mir ermöglicht, eineinhalb Millionen Menschen zu erreichen.

Nicht ohne Gott für dieses Vorrecht zu danken und die Frucht dieser Bemühungen anzuerkennen, möchte ich dir durch dieses Buch mein Herz öffnen und meine Last mit dir teilen. Das Buch, das du nun in Händen hältst, wurde mit einem Hirtenherzen geschrieben. Mein Herz weint, wenn ich so viele Geschwister in Christus sehe, die, obwohl sie alles für ein ausgefülltes Leben besitzen, ohne diese Fülle leben. Christen, die das Erlösungswerk Christi in ihrem Leben erfahren und den mächtigen Hauch des Heiligen Geistes empfangen haben, in die Liebe des himmlischen Vaters eingehüllt wurden und sich dennoch durchs Leben schleppen, ohne sich der Fülle zu erfreuen.

Sie kennen den Herrn, aber ihr Leben schreit nach Wiederherstellung. Zusammen mit dieser Last für diejenigen, die das wiederherstellende Werk Gottes erfahren müssen, trage ich in meinem Herzen eine große Hoffnung und einen großen Enthusiasmus in dem Wissen, daß Gott weiterhin Männer und Frauen sucht, die seine Gnade genießen wollen. Beim Lesen dieses Buches wirst du nicht nur die Last und die Ermutigung aus meinem eigenen Hirtenherzen empfinden, sondern auch den Herzschlag Gottes spüren können, der dir voller Liebe zuflüstert: „Ich bin bereit, dich wiederherzustellen."

Welches Bild hast du von Gott? Wenn du Gott mit einer Figur darstellen solltest, welche würdest du wählen? Einige sehen ihn als Richter, bereit zu verdammen. Andere sehen ihn als Polizisten, bereit zu unterdrücken. Andere stellen ihn sich als kleinen alten Mann mit langem, weißem Bart vor. Wie siehst du ihn?

In einem ganz besonderen Augenblick der Geschichte des Volkes Gottes beschloß der Herr, die Vorstellungskraft des Propheten Jeremia anzuregen, so daß er Gott als Töpfer begreifen konnte. Wenn du ein Bild aussuchen solltest, um das Handeln Gottes zu symbolisieren, würdest du wohl kaum das Bild eines Töpfers wählen. Ich bin jedoch überzeugt, daß jetzt die Zeit gekommen ist, in der die Gemeinde als die an Jesus Christus Gläubigen die Vision von Gott als Töpfer wiedererlangen muß. Viele Christen haben sich für das wunderbare Wirken des Heiligen Geistes geöffnet und seine verändernde Salbung erlebt. Doch im Laufe der Zeit und aus verschiedenen Gründen ist das Öl zum Stillstand gekommen, der neue Wein ist alt geworden, das Erlebnis hat sich nicht erneuert und überall hört man den Ruf nach Wiederherstellung.

Wenn das deine Situation ist, dann lädt der Herr dich heute ein mit der für ihn so charakteristischen Süße und Festigkeit: *„Steh auf und geh zum Haus des Töpfers"* (Jer. 18,1).

1. Tönerne Gefäße

> Das Wort, das durch den Herrn zu Jeremia geschah: Mache dich auf und geh in das Haus des Töpfers hinab, und dort werde ich dich mein Wort hören lassen! Und ich ging in das Haus des Töpfers hinab, und siehe, er war gerade mit einer Arbeit auf der Scheibe beschäftigt. Und das Gefäß, das er aus dem Ton machte, mißriet in der Hand des Töpfers. Und er machte wieder ein anderes Gefäß daraus, wie es in den Augen des Töpfers recht war zu tun. Und das Wort des Herrn geschah zu mir: Kann ich mit euch nicht ebenso verfahren wie dieser Töpfer, Haus Israel? spricht der Herr. Siehe, wie der Ton in der Hand des Töpfers so seid ihr in meiner Hand, Haus Israel.
>
> Jeremia 18,1-6

Wenn man ein Baby vor einen Spiegel setzt, erkennt es sich nicht. Es schaut und freut sich an dem Bild, das es sieht. Es lächelt es an, ohne zu wissen, daß es sein eigenes Abbild ist. Doch eines Tages verändert sich der Ausdruck seines Gesichtes, denn es beginnt, seine Gestalt und seine Bewegungen zu erkennen. Sein Gesicht scheint zu sagen: „Das bin ja ich.“ Genauso geht es uns, wenn wir diese Geschichte vom Töpfer und dem Gefäß lesen. Am Anfang lesen wir sie wie eine schöne Illustration, die gar nichts mit uns zu tun hat. Doch im Laufe der Zeit verändert die Offenbarung des Heiligen Geistes auch unseren Ausdruck, und wir sehen uns gezwungen zu sagen: „Das bin ja ich; dieses Gefäß bin ich.“

Gott illustriert in seinem Wort auf ganz einfache und eindrückliche Weise, wie er an uns wirkt. Als Bild dient der Prophet Jeremia, der in die Werkstatt des Töpfers geht, um eine dramatische Lehre von Gott zu empfangen. Hier zeigt ihm der Herr, was er mit dem Volk und mit Jeremias Leben als Prophet tun möchte.

Durch dieses Buch möchte der Herr dich in seine Werkstatt einladen. Er will dir offenbaren, was er mit deinem Leben tun will, wenn er dich gemäß seinen spezifischen Absichten für dich formt. Öffne dein Herz und sei bereit, ihn zu empfangen!

Vom Ton genommen

In Jeremia 18, Vers 6 lesen wir: „Wie der Ton in der Hand des Töpfers so seid ihr in meiner Hand, Haus Israel."

Mit diesem Bild offenbart sich Gott als der Töpfer und nennt uns den Ton, den er in seinen Händen formt. Viele sagen: „Ich werde mich Gott zuwenden, sobald ich in Ordnung bin, sobald ich bereit bin, in seine Gegenwart zu kommen." Doch Gottes Wort sagt, er hat uns gerufen, als wir noch weit entfernt waren, verloren in unseren Sünden. Wir sollten das gut verstehen: Gott ist es, der uns sucht und uns erwählt, und er erwählt uns nicht, weil wir so vollkommen oder gut sind. Er erwählt dich nicht, weil du so ein guter Vater oder so eine gute Mutter bist, so ein guter Nachbar oder Arbeiter. Nein, er erwählt uns in dem Wissen, daß wir Ton sind. Das Wort sagt, er erwählte Israel, weil es „nicht Volk" war. Er erwählte es nicht aufgrund seiner Verdienste oder Qualitäten als Nation. Tatsächlich existierte es gar nicht als Nation. Es war nur ein Grüppchen von Sklaven in Ägypten. Doch dieses „nicht Volk" macht Gott zu einem Volk.

Gott hat dich vom Ton genommen. Vergiß niemals diese Wahrheit! Er hat dich aus dem Dreck geholt, wohin du aufgrund deiner Rebellion und deines Ungehorsams gefallen warst, und hat angefangen, an dir zu arbeiten. Er war sich nicht zu schade, seine Hände in den Ton zu tauchen! Er hat dich nicht angeschaut in der Erwartung, Perfektion zu finden. Er wußte, er würde keine finden. Er beugte sich vor, hob dich auf und setzte dich auf die Töpferscheibe. Nun formt er dich gemäß seiner Absicht, formt Jesus in deinem Leben und erfüllt dich mit Segen, damit du wiederum die Menschen in deiner Umgebung segnest. *Doch vergiß nie, wo er dich herausgeholt hat.*

Der Psalmist sagt beim Gedenken an die Wohltaten Gottes, daß der Herr uns „aus der Grube" erlöst hat (Ps. 103,4). Als du im Loch der Depression stecktest, streckte er seine Hand aus und rettete dich. Als Liebe ein Wort war, das du im Lexikon suchen mußtest, weil du seine Bedeutung nicht kanntest, kam er zu dir und erfüllte dich mit seiner bedingungslosen Liebe. Als deine Sünden und deine Schuld dir nicht erlaubten, den Kopf zu heben und mit Gott eine Beziehung zu haben, wusch er dich rein und vergab all deine Sünden. Als dein Leben keinen Sinn hatte, füllte er diese innere Leere. Als Friede nur ein Wort und nicht Realität war, ergriff Gott dich und gab deiner Seele Ruhe. Als du gebunden warst an diese versklavende Sucht und dich im Dreck wälztest, kam er zu dir, zerbrach die Ketten und machte dich frei. Dort, in diesen Umständen, in diesem Augenblick, mitten dort im Dreck *fand Gott dich und begann sein Werk in dir*. Gepriesen sei der Herr!

Wir sind wie Ton, für viele wertlos, jedoch nicht für den großen Töpfer. Wenn Menschen dich verachtet haben, sei dir gewiß, daß du in seinen Händen deine herrliche Bestimmung erreichen wirst.

Ich möchte dir Marios Geschichte erzählen. Ein junger Mann, der von den Menschen, die er am meisten liebte, nur Ablehnung erfuhr. Eines Tages jedoch hob der Töpfer ihn aus der Grube wie einen kostbaren Schatz.

„Ich wurde in Chile geboren und verbrachte die ersten Jahre meines Lebens mit meinem Vater, meiner Mutter, meinem älteren Bruder Raúl und Luis, dem Jüngsten der Familie, der gesundheitliche Probleme hatte. Er war sehr schwach, und meine Mutter mußte sich ständig um ihn kümmern. Mein Vater war Alkoholiker und schlug uns gewalttätig. Wir hatten große Angst vor ihm. Ich trage noch heute an meinem Kopf und am ganzen Körper die Narben von seinen Schlägen. Jeden Abend, wenn ich ihn heimkommen hörte, packte mich tiefes Entsetzen und ich rannte los, um mich unter meinem Bett zu verstecken.

Die Situation war mehr, als meine Mutter ertragen konnte, und so verließ sie uns mit dem kleinen Luis. Ich jedoch mußte bei meinem Vater bleiben, der all seine Wut und Frustration an mir auszulassen pflegte. In der Hilflosigkeit eines Fünfjährigen bat ich meine Großeltern um Hilfe, später auch meine Onkel, aber alle wiesen mich ab. So beschloß ich, von zu Hause fortzulaufen. Die ersten vier Jahre war die Straße mein Zuhause. Ich schlief in Zügen, auf Plätzen, ertrug Kälte und Hunger und aß, was ich eben finden konnte. Nach einiger Zeit, als ich dieses schlechte Leben satt hatte, beschloß ich, zu meinem Vater zurückzukehren, doch es war zu spät. Er war an Leberzirrhose gestorben. Dies war zuviel Schmerz für einen Neunjährigen. Ich beschloß, nochmals meine Großeltern und Onkel aufzusuchen, erlitt jedoch nur eine weitere Zurückweisung. Sie wollten mich nicht aufnehmen. Sie überzeugten mich, an einen „guten Ort" zu gehen, wo ich ihrer Meinung nach eine gute Ausbildung bekäme und ein guter Mensch würde. Ich ging voller Erwartung hin, ohne zu wissen, was mich dort erwartete. Als ich dort ankam, informierte man mich, daß keine Stellen frei seien, und brachte mich in ein Gefängnis, das als Waisenhaus funktionierte. Es war entsetzlich. Gewalt, Tortur, nächtliche Schreie um Erbarmen quälten meine Ohren und folterten meine Seele. Ganze Nächte lag ich hellwach vor Angst. Zweimal wurde ich vergewaltigt. Nein, das war absolut nicht das, was man mir versprochen hatte.

Als ich dreizehn war, floh ich mit drei anderen Jungs. Zwanzig Tage lang irrte ich ohne Ziel umher. Ich war völlig verloren … Ich war ja noch ein Kind, doch mein Leben war nicht das Leben eines normalen Kindes. Ich hatte meine Unschuld verloren, die Wärme eines Zuhauses, mein Leben bestand nur aus Schmerz, und ich konnte nicht begreifen, warum.

Eines Tages kam mir in einer finsteren Straße eine Frau entgegen … meine Mutter! Ich war schmutzig, meine Kleidung hing in Fetzen an mir und ich war acht Jahre älter als damals, als sie uns verlassen hatte. Doch sie erkannte mich sofort und nahm mich mit. So lebte ich nun mit ihr, meinem Stiefvater und einer Stiefschwester.

Endlich hatte ich ein Zuhause. Doch nun bekam ich Gesundheitsprobleme. Es waren die grausamen Auswirkungen meiner schrecklichen Kindheit voller Kälte, Hunger, Schlaflosigkeit und Prügel. Meine Gesundheit war ernsthaft beeinträchtigt, besonders meine Wirbelsäule. Sie war so verbogen, daß ich kaum laufen konnte. Zu jener Zeit lebte ich in Argentinien, wo ich operiert wurde. Eineinhalb Jahre lag ich im Krankenhaus Rivadavia und ertrug unglaubliche Schmerzen.

Stück für Stück ging es mir besser, und ich versuchte, ein normales Leben zu führen. Als ich endlich meinte, alles würde besser, wurde ich entsetzlich depressiv. Oft dachte ich daran, mir das Leben zu nehmen. Dreimal versuchte ich es sogar.

Zu jener Zeit lernten meine Mutter und mein Stiefvater Jesus kennen, und meine Mutter begann, mir von der Liebe Gottes zu erzählen. Aus unerklärlichen Gründen verwandelte sich die Liebe, die ich zu meiner Mutter empfand, in ein Gefühl von Haß und Groll: „Erzähle du mir bloß nichts von Liebe, nachdem du mich so viele Jahre allein gelassen hast“, sagte ich ihr.

In dieser Zeit lernte ich Clara kennen, die später meine Frau werden sollte. Sie konnte mich verstehen, da sie genau wie ich aus einem kaputten Elternhaus kam. Ihre Mutter hatte sie verlassen, und sie war von ihrer Großmutter aufgezogen worden. Sie hatte ihre Mutter jahrelang nicht gesehen, und das Gefühl von Verlassenheit saß tief.

Nach unserer Hochzeit nahm meine Mutter mich mit zu einer Evangelisation von Pastor Claudio Freidzon an der Plaza Noruega. Dort heilte der Herr meine Wirbelsäulenschäden, die viel schlimmer geworden waren. Ein Jahr später nahm ich Christus an, und ein Wunder geschah. Wie kann ich es erklären? Ich spürte, wie die Liebe Gottes mein ganzes Leben durchdrang – Vergangenheit und Gegenwart. Die Veränderungen begannen. Ein enormes Gewicht wurde mir von meinen Schultern genommen. Ich konnte meiner Mutter von ganzem Herzen vergeben. Ich konnte ihr in die Augen schauen, als wäre nie etwas zwischen uns vorgefallen. Ich lernte, sie zu lieben und zu verstehen. Schließlich war ich ja nicht der einzige, der gelitten hatte. Es war eine große Herausforderung, meine Großeltern und Onkel zu besuchen, doch nach viel Gebet reiste ich zu ihnen. Ich bat sie um Vergebung für meinen Groll und bot ihnen an, alles zu vergessen. Die Veränderung in mir traf sie so tief, daß sie sich zu Jesus bekehrten und ihn zu ihrem Herrn und Erlöser erklärten. Während dieser Reise gab Gott mir ein weiteres Geschenk. Nach dreißig Jahren sah ich meinen älteren Bruder Raúl wieder. Es war herrlich, ihn zu umarmen und ihm von der Liebe Gottes zu erzählen. Auch meine Frau Clarita hatte das Vorrecht, die Botschaft der Vergebung und Errettung ihrer ganzen Familie zu bringen. Alles, was der Teufel für immer hatte zerstören wollen, stellte der Herr in seiner Barmherzigkeit wieder her."

Mario ist heute ein fröhlicher und umgänglicher Mensch. Er hat eine einzigartige Sensibilität für die Bedürfnisse derjenigen, die aus den verschiedensten Gründen ohne menschliche Liebe aufgewachsen sind. Weil er von Gott errettet, verändert und getröstet wurde, kann er jetzt andere trösten.

Zusammen mit seiner Frau erzählt Mario heute sein Zeugnis auf der Straße, in Krankenhäusern und Slums, wo er von ganzem Herzen Menschen hilft. Doch sein Hauptanliegen sind die Kinder. Er hat eine ganz besondere Liebe für wehrlose Kinder, da er ja selbst eines von ihnen war. Regelmäßig besucht er Waisenhäuser, um den Kindern inmitten ihrer Misere all die Liebe und den Trost zu bringen, den Gott in sein Herz gelegt hat.

Preis dem Herrn! Er hat uns im Lehm gesucht und nicht dort zurückgelassen. Die Schrift sagt: „Denn seht eure Berufung, Brüder, daß es nicht viele Weise nach dem Fleisch, nicht viele Mächtige, nicht viele Edle sind; sondern das Törichte der Welt hat Gott auserwählt, damit er die Weisen zuschanden mache; und das Schwache der Welt hat Gott auserwählt, damit er das Starke zuschanden mache. Und das Unedle der Welt und das

Verachtete hat Gott auserwählt, das, was nicht ist, damit er das, was ist, zunichte mache, daß sich vor Gott kein Fleisch rühme“ (1. Kor. 1,26-29).

Gott hat uns erwählt. Wir müssen zugeben, so wie Mose vor dem Pharao: „Der Gott der Hebräer ist uns begegnet“ (2. Mose 5,3). Jesus selbst hat ausdrücklich bezeugt: „Ihr habt nicht mich erwählt, sondern ich habe euch erwählt“ (Joh. 15,16). Das ist das Wunder der Errettung, daß Gott von jedem von uns sagen kann: „Weil du teuer bist in meinen Augen und wertvoll bist und ich dich liebhabe, so gebe ich Menschen hin an deiner Stelle und Völkerschaften anstelle deines Lebens“ (Jes. 43,4). Es ist der liebevolle Blick des Töpfers! Als er uns ansah, sah er uns vollständig in seinem geliebten Sohn. Sein vollendetes Meisterwerk vor Augen, sah er über unseren traurigen Zustand hinweg und sprach: „Dieser Staub wird in meinen Händen zu einem Gefäß der Ehre werden.“

Ich denke an so viele Leben, mich selbst inbegriffen, die er aus dem Morast gehoben hat. Diese Menschen wären nie aus dem Gefängnis von Schmerz, Sünde und Bitterkeit herausgekommen, wenn der Herr ihnen nicht auf dem Weg entgegengetreten wäre.

Vor wenigen Tagen schrieb mir ein Mitglied meiner Gemeinde, das ich Elvira nennen werde, in einem sehr langen Brief ihr Lebenszeugnis. Als ich die harten Umstände ihres Lebens erfuhr, pries ich wieder einmal den Herrn für seine Barmherzigkeit. Er hat uns wirklich aus tiefster Tiefe gezogen. Hier ist ihr Zeugnis:

„Bis zum Tode meines Vaters hatte ich eine sehr glückliche Kindheit. Seine Gegenwart erfüllte mich immer mit einem Gefühl von Sicherheit und Liebe – ganz anders als die Gegenwart meiner Mutter. Ohne ersichtlichen Grund lehnte sie mich ab. Obwohl ich noch ganz klein war, schlug sie mich ständig. Mein Vater mußte immer eingreifen, um mich zu verteidigen. Ich erinnere mich an Gelegenheiten, wo er abends von der Arbeit nach Hause kam und mich weinend in meinem völlig dunklen Zimmer vorfand. Er stritt dann mit meiner Mutter wegen der Art, wie sie mich behandelte.

Trotz all dessen war ich glücklich. Papa liebte mich und war liebevoll zu mir. Er hatte immer entschuldigende Worte für meine Mutter und lehrte mich, sie trotz allem zu lieben. Sein Verlangen nach Familieneinheit ging so weit, daß er mich bat, als er schon sehr krank und dem Tode nahe war, niemals meine Mutter und meine Schwester zu verlassen. Armer Papa! Ohne es zu wissen, legte er eine schwere Last auf meine Schultern, die mein Leben für immer ruinieren sollte.

Als wir von der Beerdigung meines Vaters nach Hause kamen und meine Großmutter verabschiedet hatten, begann meine Mutter, mich bis zur Erschöpfung zu schlagen, wobei sie sagte: „Heule nur, heule, mal sehen, ob er dich dieses Mal hört und dir zu Hilfe kommt!“ Ich weinte nicht, und ich schwor mir, daß mich nie wieder jemand würde weinen sehen.

Sie zwang mich, als Dienstmädchen bei anderen Leuten zu arbeiten. Ich arbeitete hart, voller Angst, daß ich einen Fehler machen und sie informiert werden könnte, denn dann wurde ich bestraft. Wenn mir Kleidung und Süßigkeiten geschenkt wurden, mußte ich sie meiner kleinen Schwester geben. „Die arme Kleine,“ pflegte meine Mutter zu sagen, „sie muß ohne ihren Daddy aufwachsen.“ Sie merkte gar nicht, daß ich mit meinen neun Jahren auch noch ein Kind war.

Meine Teenagerjahre waren eine einzige Tortur. Ich wurde von Verwandten vergewaltigt und ertrug diese Demütigung unter Drohungen, voller Angst, meine Mutter würde mich schlagen und aus dem Haus werfen, wenn sie es erfuhr. Jeden Abend, wenn meine Mutter von der Arbeit heimkam, wurde ich von Furcht ergriffen. Nur wenige wissen, wie sehr ein von Furcht gequältes Kind leidet. Ich weiß es.

Als ich achtzehn wurde, kaufte ich mir von einem Teil meines Arbeitslohnes einen wunderschönen Goldring, anstatt meiner Mutter das Geld zu geben, und wurde aus dem Haus gejagt. Alles, was mir blieb, war die Kleidung, die ich am Leibe trug, und der Goldring an meiner Hand. Ich versuchte, meine Mutter zu vergessen, doch der Schwur, den mein Vater mir auferlegt hatte, lastete schwer auf mir. Jeden Monat sandte ich ihr die Hälfte meines Gehaltes. Ich glaube tatsächlich, ich konnte nicht aufhören, sie zu lieben.

Die Jahre vergingen, ich wurde aktiv in der Gewerkschaft, heiratete, ließ mich scheiden und ging schließlich in die Politik, wo ich einige Erfolge verzeichnen konnte. Niemand sah mich jemals weinen, nicht einmal meine Kinder. Ich war bekannt als harte Frau, die sich vollkommen ihrer Arbeit verschrieben hatte. Doch ein Unfall brachte mich an den Krückstock. Ich war zu 75% behindert und bekam nun Invalidenrente. Von diesem Augenblick an weihte ich meine ganze Zeit meinen Kindern und versuchte, ein ruhigeres Leben zu führen.

Kurz darauf geschah etwas Unglaubliches, etwas, was einen Hoffnungsschimmer in mein Herz brachte. Ich bekam einen Brief von meiner Schwester aus Mar del Plata. Sie wohnte dort mit meiner Mutter in einer kleinen Wohnung. Mehrmals hatte ich ihnen geholfen, Möbel oder einen

Fernseher zu kaufen, doch dieser Brief meiner Schwester war anders. Sie schrieb mir, daß sie sich sehr einsam fühlten, daß sie auch nicht einen Freund hätten und nach Buenos Aires kommen wollten, um bei mir zu wohnen. Ihre Idee war, ihr Appartement zu verkaufen, und daß ich den Rest dazulegen solle, um ein Haus zu kaufen, wo wir drei zusammenleben könnten. Der Gedanke gefiel mir. Könnten wir wohl endlich ein Zuhause haben? Meine Kinder sowie einige Freunde rieten mir, es nicht zu tun, doch ich war mir sicher, daß sie sich verändert hatten. Außerdem gab mir das meinem Vater gegebene Versprechen nicht die Freiheit, den Vorschlag abzulehnen.

Ich holte sie zu mir nach Hause. Bald entdeckte ich, daß sie eine afrobrasilianische Religion praktizierten. Sie brachten eine Person in mein Haus, „geistliche Handlungen" zu tun, und begannen sofort, das ganze Haus an sich zu reißen. Ich wollte keinen Streit. „Sie werden sich schon verändern," so tröstete ich mich, „wenn wir erst in dem neuen Haus sind, wird alles anders werden."

Nach zwei Jahren konnte das Appartement in Mar del Plata verkauft werden. Meine Schwester nahm einen Teil des Geldes, um eine Kartenlegerin zu bezahlen, die ihrer Meinung nach geholfen hatte, die Wohnung zu verkaufen. Ich wurde wütend, doch da meine Mutter alles unterstützte, was meine Schwester tat, legte ich wieder das nötige Geld zu. Ich stürzte mich sogar in Schulden für unser neues Haus, das viele Reparaturen benötigte. An diesem Punkt bereute ich meinen Schritt schon, doch nun konnte ich nicht mehr zurück.

Als das Haus fast fertig gestrichen war und wir zum Umzug bereit waren, geschah das Unerwartete. Beim Abendessen eröffneten mir meine Mutter und meine Schwester, daß sie dort *ohne mich* einziehen würden. Sie sagten, sie hätten immer alleine wohnen wollen, und wenn ich irgendwelche Probleme mit ihrer Entscheidung hätte, müßte ich sie eben vor Gericht bringen. Ich traute meinen Ohren nicht. Ich fühlte mich so betrogen. Sie wußten, sie hätten sich nie ein Haus leisten können, deshalb hatten sie mich durch Tricks gezwungen, ihnen zu einem Haus zu verhelfen.

Ich sagte ihnen: „Ihr habt achtundvierzig Stunden, mein Haus zu verlassen. Wenn ich euch bei meiner Rückkehr noch hier antreffe, schwöre ich euch, bringe ich euch um." Der Schmerz war so intensiv, daß ich nicht einmal denken konnte. Ich bat meinen Sohn, ihnen beim Umzug zu helfen. Ich kam in mein Haus zurück, als meine Mutter gerade ihre letzten Dinge einpackte – einschließlich einiger meiner Kleidungsstücke. Ich sah ihr in die

Augen und sagte: „Schau mich gut an. Wenn du stirbst und mich brauchst, um dir die Augen zu schließen, wirst du mit offenen Augen sterben. Du wirst mich nie mehr verletzen." Dann drehte ich mich um und ging.

Die nächsten Monate waren schrecklich. Ich fiel in eine tiefe Depression. Sechzig Jahre lang hatte ich versucht, meine Mutter dazu zu bringen, mich zu lieben, und ich fühlte mich geschlagen. Allein der Gedanke, daß sie nur zwei Straßen von mir entfernt wohnten, machte mich krank. Nicht einmal der Wunsch nach Rache konnte mich aus meiner Depression holen.

Ich hatte eine Freundin, die Christin war und immer für mich betete. Eines Tages lud sie mich zu einer evangelistischen Veranstaltung ein, die Pastor Claudio Freidzon im Sarmiento-Park abhielt. Am ersten Tag verstand ich überhaupt nicht, worum es eigentlich ging, doch ich hörte das Wort Gottes. Als Pastor Claudio für mich betete, wurde ich mit Frieden erfüllt und konnte in dieser Nacht schlafen. Am darauffolgenden Sonntag überredete meine Freundin mich, nochmals hinzugehen. Wieder betete der Pastor für mich und sagte: „Empfange, was Gott für dich hat." Augenblicklich verspürte ich ein Verlangen, das Auditorium zu verlassen. Ich begann plötzlich zu weinen und zu weinen. Ich konnte nicht aufhören. Es interessierte mich nicht einmal, was andere von mir dachten. Ich weinte wie nie zuvor in meinem Leben.

Ein junger Gemeindemitarbeiter kam und fragte mich, was los sei. „Bitte entschuldigen Sie," sagte ich ihm, „ich weiß nicht, was los ist. Ich kann einfach nicht aufhören zu weinen."

„Machen Sie sich keine Sorgen," sagte er, „Sie weinen über all das, worüber Sie sich noch nie im Leben erlaubt haben zu weinen." Ich war überrascht. Wie konnte er das wissen? Er sagte weiter: „Doch nun ist Ihre Stunde gekommen. Der Herr hat Sie gerufen; Sie sind darauf eingegangen, und Sie werden ewig bei ihm bleiben, weil Gott Sie segnet." Dann entschuldigte er sich und ging weg. Ich sah ihn nie wieder, doch seine Worte hinterließen einen seltsamen Frieden in meinem Herzen. Es war, als wäre all das Böse aus meinem Sinn und aus meinem Herzen ausgelöscht worden.

Ich begann, die Gemeinde „König der Könige" zu besuchen. Eine Seelsorgerin aus der Jüngerschaftsgruppe empfing mich mit großer Liebenswürdigkeit. Ich fühlte mich täglich besser. Zuhause legte ich Lobpreismusik auf und putzte das Haus singend und Jesus preisend. Mein Unglück erschien mir gar nicht mehr so groß. Nach kurzer Zeit und ohne, daß es mir jemand gesagt hätte, meldete ich mich zum Taufkurs an und ließ mich taufen. Gott war an der Arbeit bei mir.

Eines Sonntags im Hauptgottesdienst berührte mich das Wort Gottes, und ich ging nach vorne zum Altar, um auf das Wort einzugehen. Während der Pastor betete, kam es mir vor, als sei ich ganz allein inmitten dieser Menschenmenge, die um dich um mich herum stand. Nur Gott und ich waren an jenem Altar. In einem Augenblick, während des Gebetes fühlte ich mich, als würde ich in die Luft gehoben und hinge an Ketten an meinen Händen. Ich hörte die Stimme des Pastors: „Laß sie los, Satan!" Ich konnte sehen, wie meine Ketten brachen. Ich fühlte mich wie in einer anderen Welt, umgeben von einer Wolke von Herrlichkeit. Als ich die Augen öffnete, erstaunten mich die vielen Menschen um mich herum. Gott hatte in so intimer Weise an mir gewirkt, daß ich sie gar nicht bemerkt hatte. In meinem Inneren fühlte ich mich wiederhergestellt. Ich war ein völlig anderer Mensch.

Frei von Haß und Groll begann ich, für meine Mutter und meine Schwester zu beten, daß Gott sie segnen möge. Kurze Zeit später begann ich wieder zu arbeiten. Meine Kollegen begrüßten mich voller Erstaunen, und ich wurde es nicht müde, ihnen zu sagen: „Er hat mir gesagt, ich solle zurückkommen." Sie dachten, mit „Er" meinte ich den Präsidenten der Firma.

Ich lebe ein neues Leben. Mein innerer Friede ist so groß, daß niemand ihn mir jemals wird nehmen können."

Wie das Wort sagt, hat Gott uns aus dem Schlamm geholt und in die himmlischen Welten gebracht. Er hat uns zusammen mit Christus dorthin gesetzt, damit wir leben können und uns nicht mehr länger im Dreck suhlen müssen, sondern in der Fülle der Gegenwart Gottes mit all den Segnungen, all der Autorität und all der Macht Jesu Christi zur Rechten des Vaters sitzen dürfen.

Der Töpfer wird sein Werk in uns nicht tun können, solange wir nicht bereit sind zuzugeben, daß wir nichts als Ton sind. Er kann nichts tun mit denen, die sich für etwas Besonderes halten. Der Töpfer hält Ausschau nach einem Stück weichen Tones, um damit sein Meisterwerk zu schaffen. Ton sind nicht nur diejenigen, die wie Mario oder Elvira familiäre Tragödien erlebt haben. Gebe Gott, daß die Reichen dieser Welt erkennen, daß auch sie nur Ton sind; daß die Erfolgreichen, Stolzen und Selbstgerechten erkennen, daß sie Ton sind und ihr Leben überhaupt nur Sinn hat in den Händen des Töpfers.

Auf der Töpferscheibe

Die Errettung – der Sprung in die Hände des Töpfers – ist nur der Anfang eines großen Abenteuers. Es ist der Anfang einer neuen Geschichte.

Jeremia 18,3 lautet: „*Und ich ging in das Haus des Töpfers hinab, und siehe, er war gerade mit einer Arbeit auf der Scheibe beschäftigt.*“ Gott setzt uns auf die Scheibe und beginnt, uns mit seinen Händen gemäß dem Design zu formen, das er schon vor Grundlegung der Welt in seinem Herzen getragen hat.

Die Scheibe symbolisiert den Ort, wo Gott an uns wirkt. Der Herr formt uns auf der Scheibe. In diesem Sinne ist die Scheibe die Schule Gottes – all die Umstände, die Gott zuläßt, damit das Bild Christi in uns geformt wird.

Oft empfinden wir, daß wir uns auf der Scheibe nur im Kreise drehen und alles um uns herum außer Kontrolle geraten ist. Wir sehen keinerlei Fortschritt und sind entmutigt. In unserer Verwirrung schauen wir nach unten auf der Suche nach dem Verantwortlichen für soviel Bewegung und versuchen zu identifizieren, wer die Scheibe bewegt. „Es muß der Teufel sein“, denken wir, machen aber dann eine erstaunliche Entdeckung: Es ist der Fuß des Töpfers, der die Scheibe bewegt! Alles ist unter seiner Kontrolle!

In unseren Tagen genießen wir den positiven Einfluß des technischen Fortschritts. Dieser Fortschritt ermöglicht uns ein bequemeres Leben. Wenden wir dies jedoch auf das geistliche Leben an, können wir in das Instant-Syndrom verfallen und meinen, auch unser geistliches Wachstum geschehe augenblicklich, und Gott müsse alles augenblicklich tun. Jemand nannte es das Mikrowellen-Syndrom: Gott in einen Mikrowellenherd stecken, zwei oder drei Knöpfe drücken und meinen, unsere Antwort müsse gebrauchsfertig herauskommen. Diejenigen, die erwarten, Gott würde funktionieren wie löslicher Kaffee, nehmen Anstoß an Gott (oder an der Gemeinde oder dem Pastor), wenn er die Antwort verzögert oder schweigt.

Es ist wichtig zu verstehen, daß Gott sein Merkmal auf uns hinterläßt, während er uns auf der Töpferscheibe formt. Er muß Ton bearbeiten, der vielleicht zu trocken oder zu widerspenstig oder zu hart ist. Wir brauchen seine Berührung. Er hat uns alle unterschiedlich geschaffen, weil jeder eine spezifische Funktion hier auf Erden hat.

Mißratene Gefäße

Wenn du dein Leben analysierst, siehst du vielleicht Versagen oder die Scherben dieses Mannes oder dieser Frau, die Gott in dir haben wollte. Du weißt, Gott hat einen Plan für dich bereitet schon vor Grundlegung der Welt, doch wenn du heute dein Leben anschaust, fühlst du dich frustriert bei der Erkenntnis, daß dieser Plan nicht Realität geworden ist.

Was wird Gott tun? Wird er einen anderen Mann, eine andere Frau erwählen, um deinen Platz in seinem Reich einzunehmen? Möglicherweise ja, aber sei nicht verzweifelt. Es ist noch nicht zu spät. Das Buch Jeremia sagt, daß der Töpfer, anstatt wieder zum Schlamm zu gehen und neues Rohmaterial zu holen, dieses selbe zerbrochene Stück nochmals aufnahm. Heute nimmt er dich wieder in die Hand, um sein Werk wiederherzustellen. Er ist bereit, ganz von vorne anzufangen. Anders als Menschen, die dich bei deinem ersten Fehler ablehnten, ohne dir eine zweite Chance zu geben, und dir vielleicht noch heute böse sind, sagt dir der Töpfer voller Liebe und Geduld: „Versuchen wir es noch einmal." Wie wunderbar!

Von grundlegender Wichtigkeit für unsere Wiederherstellung ist jedoch, daß wir den Punkt unseres Versagens identifizieren, den Punkt, wo wir uns seinem Willen widersetzt haben. Überlege doch einmal: Alles ging gut, bis der Töpfer an einen Punkt kam, einen Sprung, eine Unvollkommenheit, die es ihm unmöglich machte, sein Werk zu vollenden. Ein Widerstand, der nicht nachgab und das Gefäß in seinen Händen zerbrechen ließ.

Es gibt viele Christen, die versagt haben. Es gibt viele zerbrochene Gefäße, Gefäße, die nur zur Dekoration zu gebrauchen sind, und viele leere Gefäße. Es gibt Gefäße, die anstelle von Gefäßen zur Ehre Gefäße der Schande werden. Das Wort sagt, daß der Herr in seiner Barmherzigkeit bereit ist, sie nochmals auf die Töpferscheibe zu stellen und neue Gefäße zu machen. *„Und das Gefäß, das er aus dem Ton machte, mißriet in der Hand des Töpfers. Und er machte wieder ein anderes Gefäß daraus, wie es in den Augen des Töpfers recht war zu tun"* (Jer. 18,4). Gott hat sein Werk in dir begonnen, und er wird es auch vollenden.

Ich möchte dich im Namen des Herrn herausfordern, Teil der Bewegung Gottes in dieser Zeit zu sein, der Erweckung, die er über Argentinien und über die ganze Welt bringen wird. Sei nicht länger ein zerbrochenes Gefäß. Sei nicht länger ein Gefäß zur Dekoration, das nur auf einem Regal herumsteht, ein Christ, der nur in der Gemeinde sitzt. Erlaube Gott, dich zu einem Gefäß der Barmherzigkeit zu machen, das zu den Notleidenden gebracht werden kann, um die Liebe Gottes unter ihnen zu verbreiten. Sei ein Gefäß, das Gottes Herrlichkeit hier auf Erden ausdrückt!

Komm zurück in die Hände des Töpfers!

Gott endet mit den Worten: „*Kann ich mit euch nicht ebenso verfahren wie dieser Töpfer, Haus Israel?... Siehe, wie der Ton in der Hand des Töpfers so seid ihr in meiner Hand, Haus Israel*“ (Jer. 18,6). Laß den Heiligen Geist deine Vorstellungskraft ergreifen. Nimm die Hand Jeremias und betritt die Werkstatt des Töpfers. Du kannst ihm bei der Arbeit an der Töpferscheibe zusehen. Er arbeitet an einem Gefäß aus Ton; dieses Gefäß ist dein Leben. Doch du kannst sehen, wie dieses Gefäß in seinen Händen mißlingt. Wahrscheinlich kannst du viele Gründe angeben, warum Gottes Absichten sich in deinem Leben nicht erfüllen. Du kannst den Rest deines Lebens mit Ausreden verbringen und anderen Menschen oder den Umständen die Schuld zuschieben. Doch fest steht, daß das Gefäß mißlang und die Absicht Gottes noch nicht erfüllt ist.

Sieh dir nun dieses Gefäß an, dein eigenes Leben, zerbrochen, in Trümmern, mißraten, halb fertig, in den Händen des Töpfers, und höre ihn sagen: „Ich werde ein besseres Gefäß machen, meinem Willen gemäß. Ich will es tun.“ Kannst du seiner Liebe vertrauen? Kannst du seiner Kraft vertrauen?

Ganz egal wie weit du entfernt bist von seinem Willen, komm zurück in die Hände des Töpfers!

2. Verzweifelte Gefäße

> Und er machte wieder ein anderes Gefäß daraus, wie es in den Augen des Töpfers recht war zu tun. Jeremia 18,4

Der erste Schritt, den Töpfer in unserem Leben wirken zu lassen, besteht darin, unsere Bedürftigkeit nach Wiederherstellung zuzugeben. Wenn ein Kunstwerk einen Riß bekommt oder Farbe verliert, wird es zu einem Experten gesandt, der es repariert und wieder in seinen ursprünglichen Zustand versetzt. Wie wir gesehen haben, widersetzt sich unsere Sünde dem Werk des Töpfers und hindert uns daran, dieses einzigartige Stück zu werden, das Gott in uns haben wollte. Unsere Fehler verkratzen das Gefäß, lassen die Farbe abblättern, verursachen Sprünge oder zerbrechen sogar das Gefäß, das unser Leben darstellt. Doch unser Töpfer und Schöpfer ist ein erfahrener Restaurator. Er ist immer bereit, seine Hände an uns zu legen und uns wieder für unsere ursprüngliche Bestimmung tauglich zu machen.

Zuerst jedoch müssen wir unsere Bedürftigkeit zugeben. Wir müssen Gott um Wiederherstellung anflehen. Dies ist nicht der Schrei pharisäerhafter Christen, die Wiederherstellung nicht nötig zu haben meinen und vorgeben, vollkommen zu sein. Dies ist der Schrei von Menschen, die sich nicht hinter Masken verbergen.

In Psalm 80 betete Asaf, der Anbetungsleiter des Volkes Gottes, für sich selbst und für sein Volk um Wiederherstellung. Derselbe Heilige Geist, der Asaf zu diesem Gebet inspirierte, wird dich erleuchten und führen, um Wiederherstellung deines Lebens zu beten.

Der Schrei des Gequälten

Psalm 80 enthält einen tiefen Schrei. Er ist nicht nur ein nettes Lied – er ist ein Zeugnis, ein Schrei. Er ist eine kollektive Klage, aber auch eine individuelle. Er ist der Schrei Asafs, eines Mannes, der leidet. Er erkennt seine Sünde, seine Situation, und bittet, schreit und stöhnt voller Verzweiflung. Er wiederholt sogar seine Bitte, seinen Schrei und sein Stöhnen um Wiederherstellung seines Lebens.

Dies ist auch der Schrei der Gemeinde und vieler Christen heutzutage. Es mag auch dein Schrei sein, während du dieses Buch liest. Es ist das Gebet des Christen, der empfindet, daß sein Christenleben in Stücke gerissen, seine Beziehung zu Gott kalt und kraftlos geworden ist, Sünde sich eingeschlichen hat und die Gemeinschaft mit Gott einfach nicht mehr dieselbe ist. Gott scheint weit weg zu sein, als hätte er seine Hände von seinem Leben abgezogen.

Der Schrei Asafs ist der Schrei eines Menschen, der empfindet, daß er durch sein Abweichen von Gott den Schutz Gottes verloren hat: „*Warum hast du seine Mauern niedergerissen, so daß ihn alle berupfen, die des Weges kommen?*“ (V. 12). Die Mauern, die sein Leben beschützt hatten, sind eingefallen; die Schutzwälle sind niedergebrochen. Alles begann mit einem Lauwerden, gefolgt von Sünde. Nun sind die Mauern niedergerissen, er ist den Angriffen Satans ausgesetzt.

Dies ist der Schrei eines Menschen, der empfindet, daß seine Trauben abgerissen werden, daß die Frucht des Weinstocks in seinem Christenleben abgerupft wird. Ihm bleibt nur noch die Erinnerung an persönliche Erlebnisse mit dem Herrn, an wunderschöne Augenblicke mit ihm, an geistliches Wachstum und ein Bewußtsein der großen Liebe Gottes zu ihm.

Geschwister im Glauben haben mir gesagt: „Pastor Claudio, im Jahre 1992 kam ich in deine Gemeinde, du betetest für mich, und mein Leben hat sich radikal verändert. Doch im Laufe der Jahre bin ich abgerutscht; ich habe das Wirken des Geistes in meinem Leben nicht erneuert. Heute brauche ich eine neue Berührung von Gott, die mich wiederherstellt.“

Der Schrei Asafs war dramatisch: „*Es frißt ihn ab das Wildschwein aus dem Wald, das Wild des Feldes weidet ihn ab*“ (V. 13). Es ist der Schrei eines Menschen, der spürt, daß das Wild des Feldes hereingekommen ist, um den Weinberg zu zerstören. Er weiß, das Schmutzige und Unreine zerstört sein Leben. Er spürt, daß ihn der Teufel wie ein brüllender Löwe verschlingen will. Doch da die Verteidigungsmauern niedergestürzt und die

Zäune eingerissen sind, weiß er nicht, was er tun soll. Er empfindet Gott als weit entfernt, zornig und unwillig zu hören.

Voller Frustration betet er: „*Gott der Heerscharen! Kehre doch zurück! Schau vom Himmel und sieh!*“ (V. 14). Wenn Gott nicht hört, besteht das Leben nur noch aus Tränen: „*Du hast sie mit Tränenbrot gespeist, sie in reichem Maß getränkt mit Tränen*“ (V. 5).

Es ist der Schrei eines Menschen, der spürt, daß der Feind ihn aufgrund seiner Situation verspottet und verhöhnt: „*Unsere Feinde spotten über uns*“ (V. 6). Es ist das Stöhnen eines Menschen, der sein Leben wie einen verheerten Weinberg empfindet, verbrannt und abgehackt. So erheben wir heute mit Asaf unseren Schrei, unser Flehen, unser Stöhnen, unsere Bitte, unser Gebet: „*Gott der Heerscharen! Stelle uns wieder her! Laß dein Angesicht leuchten, so werden wir gerettet*“ (Verse 3,7,19). O Gott, stelle uns wieder her!

Der Schrei eines Menschen, der sich erinnert, wie es früher war

Psalm 80 ist nicht die Bitte eines Ungläubigen. Es ist der Ausdruck eines Menschen, der sich bestens erinnern kann, wie anders sein Leben früher war. Der Psalmist erinnert sich, wie Gott ihn errettet und den Feind aus seinem Leben vertrieben hat: „*Einen Weinstock hobst du aus Ägypten. Du vertriebst Nationen und pflanztest ihn ein*“ (V. 8). Es ist der verzweifelte Schrei eines Menschen, der Gottes Liebe, Freiheit und Errettung erlebt hat.

Es ist nicht eine Bitte eines unreifen und unbeständigen Christen. Es ist das Flehen eines Christen, der von Gott gepflanzt worden war und Wurzeln geschlagen hatte. Es ist nicht das Gebet eines passiven Christen. Es ist der Schrei eines Gotteskindes, das sich erinnert, daß sein Leben einst Frucht trug, daß sein Werk für den Herrn gesegnet war: „*Die Berge wurden bedeckt von seinem Schatten, von seinen Ästen die Zedern Gottes. Er streckte seine Zweige aus bis ans Meer, bis zum Strom hin seine Triebe*“ (Verse 10-11). Es ist nicht die Bitte eines ich-bezogenen Christen. Es ist der Schrei eines Menschen, dessen Leben einst den Schwachen und Notleidenden in seinem Schatten Fürsorge und Schutz spendete und dessen Worte den Verzweifelten Hoffnung brachten.

Bitte! Glaube nur nicht, Psalm 80 sei einfach nur eine Bitte – es ist der Schrei, das Stöhnen eines Menschen, der Gott erlebt und seine Liebe geschmeckt hat, der von ihm errettet und befreit worden ist. Wir sehen hier einen Menschen, der Wurzeln geschlagen hatte und geistlich gewachsen war, Frucht getragen hatte und anderen zum Segen gewesen war. Und gerade weil er weiß, was Gott in seinem Leben getan hat, weil er sich an seine Beziehung zu Gott und deren Resultate erinnert, erhebt er dieses Flehen: „*Gott der Heerscharen! Stelle uns wieder her! Laß dein Angesicht leuchten, so werden wir gerettet! O Gott, stelle uns wieder her!*"

Der Schrei eines Menschen, der Gott kennt

Psalm 80 ist nicht die Bitte eines Menschen, der Gott nicht kennt. Ganz im Gegenteil, es ist der Schrei eines Menschen, der ihn sehr gut kennt. Es ist der Schrei des Christen, der, gerade weil er weiß, wer Gott ist, sich der Mittel bewußt ist, die ihm zur Verfügung stehen. In keiner anderen Bibelstelle finden wir solch eine Aufhäufung von Namen und Attributen Gottes wie in diesem Psalm. In den Versen 4 und 19 zum Beispiel werden drei verschiedene Namen erwähnt, einer neben dem anderen, die betonen, wer Gott ist: „Herr, Gott der Heerscharen" beinhaltet im Hebräischen drei Namen Gottes: *Jahwe, Elohim, Zebaoth.*

Es ist also der Schrei eines Menschen, der weiß, Gott ist *Jahwe*, und der den Ausdruck versteht: *„Ich bin, der ich bin"*. Es ist der Schrei eines Menschen, der weiß, Gott ist das Sein, die Existenz in Person, der Einzige, der uns Leben geben kann. Deshalb lesen wir im Vers 18: *„Belebe uns.*"

Es ist auch der Schrei eines Menschen, der weiß, Gott ist *Elohim*. Dieser Name betont seine Macht, Exzellenz und Majestät. Es ist der Schrei eines Menschen, der weiß, Gott ist König und Herr. Er fleht, weil er weiß, Er ist der Alleinherrscher, Eigentümer aller Autorität, Herr über alles.

Es ist außerdem der Schrei eines Menschen, der weiß, Gott ist *Zebaoth*, Gott der Heerscharen, Befehlshaber der himmlischen Heere, der Engel und seiner Gemeinde.

Dieser Psalm ist auch das Gebet eines Menschen, der weiß, der Herr ist der *Hirte Israels*. Der Psalmist bittet, von ihm behütet, geleitet und erhört zu werden, weil er weiß, er ist ein Gott in der Nähe (V. 1).

Es ist der Schrei eines Menschen, der weiß, Gott ist heilig. Deshalb bittet er Gott, hervorzustrahlen (V. 1). Es ist das Stöhnen eines Menschen, der weiß, Gott rettet uns und verdammt nicht. Deshalb bittet er im Vers 2: „*Erwecke deine Macht und komm zu unserer Rettung!*"

Es ist das Stöhnen eines Menschen, der weiß, Gott ist ein barmherziger Gott. Deshalb bittet er ihn, von seinem Zorn abzulassen (V. 4) und ihn mit Gunst anzusehen, lächelnd, mit strahlendem Angesicht (V. 3).

Täusche dich nicht. Es ist nicht das Flehen eines Menschen, der sich Gott naht, ohne ihn zu kennen. Es ist der Schrei eines Menschen, der Gott bestens kennt. Er schreit nur deshalb so verzweifelt zu ihm, weil er weiß, er ist der einzige, der ihn erneuern und ihm Leben geben kann. Er weiß, er ist Herr und König des Universums, er hat Macht und Majestät, er ist der einzige Hirte, der ihn wieder auf den richtigen Weg führen kann. Er ist der einzige, der dreimal Heilige, dessen Licht sein Leben erleuchtet. Er weiß, er ist der einzige Erlöser, voller Liebe und Barmherzigkeit, fähig, ihn zu erretten, und bereit, ihm eine zweite Chance zu geben, der eine, der nahe ist und hört. „*Gott der Heerscharen! Stelle uns wieder her! Laß dein Angesicht leuchten, so werden wir gerettet! O Gott, stelle uns wieder her!*"

Der Schrei um Wiederherstellung

Asaf, Israels Anbetungsleiter, brachte dieses Gebet vor den Herrn und sagte ihm das, was du ihm heute sagen mußt. Er fleht Gott an, zu ihm zurückzukommen, heimzukehren (V. 14). Nicht weil Gott ihn verlassen hätte – vielmehr weil er sich von Gott entfernt hatte. Nun braucht er Gott wieder ganz neu in seinem Leben.

Er bittet Gott, ihn mit Gunst anzusehen, sein Angesicht über ihm leuchten zu lassen, ihm zuzulächeln (V. 3). Er bittet ihn, nicht auf die Sünde zu sehen und ihn mit Liebe zu messen, nicht mit Gerechtigkeit. Er betet, Gott möge über den Weinstock wachen, den seine Hand gepflanzt hatte (V. 14).

Asaf erinnert Gott, daß Israel als Volk und er als Individuum die Pflanze sind, die er gepflanzt hat, der Sproß, den er für sich selbst gegründet hat, um innige Gemeinschaft mit ihm zu haben (V. 15). Er fleht, seine Hand möge auf ihm sein (V. 17), und bestätigt schließlich voller Hoffnung, daß Gott ihm Leben geben wird (V. 18).

Asaf sagte Gott genau das, was wir ihm heute sagen müssen: „Herr, kehre jetzt um, komm zurück, sieh uns mit Gunst an. Sei mir gnädig und komm wieder zu mir. Ich bin die Pflanze, die du so liebevoll gepflanzt hast.

Ich bin der Sproß, den du für dich gegründet hast. Vergiß mich nicht; lege deine Hand auf mich und belebe mich."

Heute gibt Gott dir diesen Psalm. Er ist für dich, der du schon Gottes Errettung, Liebe und Kraft erlebt hast. Er hat dich gesalbt in der Vergangenheit; du hast Frucht gebracht, und dein Werk in seinem Namen ist gediehen. Und doch erlebst du heute nicht diese Fülle. Du mußt deine Gemeinschaft mit ihm erneuern. Du brauchst ganz neu seine frische und mächtige Salbung in dir.

Gott hat mir diesen Psalm heute für dich gegeben. Ich möchte dich im Geist unterstützen. Laß uns zusammen zum Herrn schreien und ihm sagen: „*Gott der Heerscharen! Stelle uns wieder her! Laß dein Angesicht leuchten, so werden wir gerettet! O Gott, stelle uns wieder her! O Gott, stelle uns wieder her! O Gott, stelle uns wieder her!*"

Der Psalmist endet im Vers 18 mit einer Verheißung: „*So werden wir nicht von dir abweichen*". Genau dieses Versprechen mußt du heute dem Herrn machen: „Herr, stelle mich wieder her, so werde ich nicht von dir abweichen. Doch zuerst, Herr, stelle mich wieder her, laß mich wieder werden, wie ich war. Stelle mich wieder her, Herr, salbe mich ganz neu."

Vielleicht war es nur ein Kratzer oder ein Sprung, der dein Gefäß beschädigt hat. Vielleicht aber scheint der Schaden groß und nicht mehr zu reparieren. Dein Gefäß mag unbrauchbar erscheinen. Doch zwischen deiner heutigen Situation und dem Restaurator steht nur ein einfaches Gebet. Wenn Er deine aufrichtige Bereitschaft sieht, dich nie wieder von ihm abzuwenden, wird er dich wieder in seine Hände nehmen und ein neues Gefäß aus dir machen, so wie es ihm am besten erscheint.

Tu gerade jetzt den Schritt über die Kluft, indem du dieses Gebet mit mir sprichst:

> *Herr, du bist mein Töpfer. Ich komme zu dir, um wiederhergestellt zu werden. Ich vertraue deiner unbegrenzten Kraft und deiner unendlichen Liebe zu mir. Deshalb bitte ich dich, stelle mich wieder her. Mache mich wieder zu dem Menschen, der ich einmal war. Sieh mich mit Gunst an, und ich werde wiederhergestellt sein. Reinige mich mit dem Blut Christi und salbe mich mit der Kraft des Heiligen Geistes. Stelle meinen Dienst wieder her, damit ich Frucht bringe.*
> *Ich bete, daß durch mich dein Reich bis an die Enden der Erde getragen wird. O Herr, stelle mich wieder her, und ich werde fest in dir sein. Im Namen Jesus. Amen.*

3. In Stücke gebrochene Gefäße

> Wollt ihr zwischen den Hürden liegen? – Die Flügel einer Taube, mit Silber überzogen und ihre Schwungfedern mit grüngelbem Gold.
>
> Psalm 68,13

Wir treten ein in die Zeit der großen Ernte – die Ernte von Menschenleben, die für Jesus wiederhergestellt werden. Unsere Herausforderung, unsere Vision ist, unsere Stadt verändert und unser Land verwandelt zu sehen. Gott will dein Leben und deine Gemeinde gebrauchen für diese mächtige Ernte, für diese besondere Ausgießung des Heiligen Geistes. Er möchte dich und deine Gemeinde als Träger für die Transformation deiner Stadt und deiner Nation gebrauchen.

Wenn du liest oder hörst von der Erweckung, die über ganze Nationen hinwegfegt, wenn du das prophetische Wort empfängst, daß die Zeit der Ausgießung des Heiligen Geistes gekommen ist, sagst du vielleicht: „Ich würde gern Teil der Bewegung des Geistes sein und Tausende zu Jesus führen." Vielleicht kommen dir mit diesem Wunsch augenblicklich all deine Unzulänglichkeiten in den Sinn, die Erweckung verhindern könnten. Womöglich findest du in deinem Leben Hindernisse, die dich davon abhalten, dich als Teil dieser Bewegung zu fühlen und Teil der großen Ernte zu sein.

Zwei Hindernisse in deinem Leben

Es gibt mindestens zwei Haupthindernisse, die Erweckung verhindern können. Die meisten Christen haben mindestens eines dieser Hindernisse. Es hindert sie daran, dem Herrn mit Freimütigkeit zu dienen und Teil der heutigen Bewegung des Geistes zu sein.

Das erste Hindernis ist das Gefühl der Niederlage. Gefühle von Unzulänglichkeit, Inkompetenz und Unwürdigkeit sind die ersten Dinge, die uns zurückhalten. Viele haben den Eindruck, nicht genug Mut und auch nicht die angemessenen Möglichkeiten zu haben, um der Herausforderung einer Erweckung zu begegnen.

Das zweite Hindernis ist unaufgearbeitetes Leid – die Unfähigkeit, für unser vergangenes oder gegenwärtiges Leiden eine Erklärung zu finden. Die meisten Menschen haben in der Vergangenheit viel gelitten oder machen in der Gegenwart Schwierigkeiten oder Anfechtungen durch. Aufgrund vergangenen oder gegenwärtigen Schmerzes sind sie völlig auf ihre Probleme konzentriert und unfähig, über ihre eigenen Schwierigkeiten hinauszusehen. Es ist ihnen unmöglich, die Not anderer zu sehen oder gar die Nöte ihrer Stadt oder ihres Landes. Ihre geistlichen Augen müssen geöffnet werden. Die Schuppen müssen von ihren Augen fallen, der Vorhang muß weggenommen werden, damit sie Gottes Plan sehen können – nicht nur für ihr eigenes Leben, sondern für alle Menschen.

Die Bibelstelle zu Anfang dieses Kapitels lautete: „*Wollt ihr zwischen den Hürden liegen? – Die Flügel einer Taube, mit Silber überzogen und ihre Schwungfedern mit grüngelbem Gold.*" Die hier gebrauchten Verben sprechen von zwei verschiedenen Zeiten. Etwas geschah schon in der Vergangenheit: „*Ihr wurdet unter Blumentöpfe/ Hürden geworfen*" – und etwas, das in der Zukunft geschehen wird – „*Ihr werdet sein wie die Flügel einer Taube, mit Silber überzogen und ihre Schwungfedern mit grüngelbem Gold.*"

Dein Leben ist ein Gefäß aus Ton

Tönerne Gefäße – die aus Ton gemachten Töpfe, Gefäße und Krüge – waren für verschiedene Absichten geformt. Solche tönernen Gefäße hatten aufgrund des Materials, aus dem sie gemacht waren, meist geringen finanziellen Wert. Mit diesem Bild bezieht sich der Psalmist auf die Erfahrung vieler Menschen, die als ebenso wertlos und bedeutungslos erachtet wurden wie tönerne Gefäße, einfach weggeworfen unter die zerbrochenen Töpfe.

Als Pastor habe ich oft Menschen gedient, die sich aufgrund ihrer Erlebnisse von Ablehnung und Verlassenwerden genau so gefühlt haben. Ich möchte dir einige ihrer Geschichten erzählen:

Keine Vaterliebe

Ich wurde in einer christlichen Familie geboren, doch leider trennten sich meine Eltern, als ich erst vier Monate alt war. Ich wuchs ohne die Liebe meines Vaters auf. Meine Mutter zog mich auf und beging als alleinerziehende Mutter viele Fehler. Ich litt sehr. Sie wollte mich nicht misshandeln, doch sie tat es, und ich bewahrte alle diese Dinge in meinem Herzen. Ich wuchs auf ohne Umarmung oder Kuß, ohne je meiner Mutter zu sagen, daß ich sie liebte, und ich fühlte mich deshalb wirklich schlecht innerlich. An diesem Punkt begann der Herr sein Werk in mir. Ich war wie ein in Stücke zerbrochenes Gefäß, das alles wieder verlor, was es empfing. Ich pflegte zu beten: „Herr, gebrauche mich", glaubte aber nicht, daß er es tun könnte.

Als wir eines Abends in der Gemeinde beteten, spürte ich, wie Jesus meine Hände hielt und sagte: „Ich war immer bei dir, trotz all deiner schlimmen Zeiten." Heute weiß ich, er war immer da und beschützte und bewahrte mich für ihn, als ich noch ein Kind war, obwohl ich ihn nicht sehen konnte.

Ich sagte dem Herrn: „Heile mich; ich will dir dienen, aber ich weiß nicht wie. Ich stehe auf und falle immer wieder. Ich fühle mich so nutzlos." In diesem Augenblick spürte ich die Umarmung des Herrn und konnte von ganzem Herzen meinem Vater und meiner Mutter vergeben. Ich bin nun ein völlig anderer Mensch.

Ablehnung

Einige erleben Ablehnung von Beginn ihres Lebens an und sind schließlich überzeugt, nichts wert zu sein. Wenn ihre Eltern sie nicht lieben können, wie könnten es andere? Eine Frau erzählte uns:

> Ich komme aus einer kaputten Familie. Meine Eltern warfen mich raus, als ich erst zehn Jahre alt war. Meine Mutter war Alkoholikerin und mein Vater lebte ein Doppelleben mit einer anderen Frau und anderen Kindern. Nur der Herr hat mich dazu gebracht, meine Mutter zu lieben, denn ich haßte und verfluchte sie. Ich war wütend, ihre Tochter zu sein und zu einer so schlechten Familie mit so lieblosen Eltern zu gehören. Nie umarmten sie mich, nie gaben sie mir einen Kuß. Nie hörte ich von ihnen ein „Ich liebe dich".

> Der Herr wirkte an mir, und ich konnte meiner Mutter vergeben, die mich so abgelehnt hatte. Ich empfinde, daß ich sie jetzt lieben kann. Ich kann mich ihr nähern und ihr einen Kuß geben, ohne auch nur die geringste Ablehnung zu empfinden.

Wir alle brauchen die Liebe, das Lob und die Ermutigung unserer Eltern. Wir brauchen ihren Schutz und sogar ihre Vergebung. Wir müssen wissen, daß sie uns lieben, wie wir sind, und uns immer eine zweite Chance geben werden. Das sind grundlegende Bedürfnisse, von denen wir nie genug bekommen können.

Wenn wir als hilflose Babys auf die Welt kommen, sind wir wie leere Gefäße, die mit Liebe und Zuwendung gefüllt werden müssen. Unsere Eltern und Angehörigen haben in diesem Sinne eine einzigartige Verantwortung. Leider sind in vielen Fällen unsere Gefäße nicht ausreichend gefüllt worden, was in uns Schmerz und eine Unfähigkeit zurückließ, anderen das zu geben, was wir selbst nicht empfangen haben.

Groll

Genau diese Wahrheit hilft uns, unsere Eltern zu verstehen und ihnen zu vergeben. Sie können uns nicht geben, was sie selbst nicht empfangen haben. Kennst du den familiären Hintergrund deiner Eltern, ihre eigene Geschichte?

Gott wirkte am Herzen eines jungen Mannes, der voller Groll war gegen seine Eltern. „Sie haben mich nie geliebt. Sie waren hart und distanziert", erinnerte er sich voller Schmerz. Doch in einer Gebetszeit veränderte der Herr seine Perspektive. Gott zeigte ihm die Kindheit seiner Eltern. Er sah sie in Argentinien ankommen auf der Flucht vor dem Krieg in Europa. Der Herr erinnerte ihn, daß sein Vater schon als Kind auf der Straße Zeitungen verkaufte, um seiner Familie zu helfen. Er sah ihn an kalten Wintermorgen sehr dürftig bekleidet auf den Straßen Zeitungen anbieten. Er erinnerte sich auch an die harte Kindheit seiner Mutter, voller Entbehrungen und Schmerz.

Er vergab ihnen nicht nur, sondern bat den Herrn um Vergebung für seinen Groll ihnen gegenüber. Es war bewegend, als er öffentlich in einem Gottesdienst seine Eltern um Vergebung bat und ihnen sagte, wie sehr er sie liebte.

Vergebung bedeutet nicht zu verleugnen, daß wir verletzt worden sind. Wenn wir verstehen, daß unsere Eltern uns nicht geben konnten, was sie selbst nicht empfangen haben, sind wir fähig zu vergeben. Gott gibt uns die Gelegenheit, die Generationsketten zu durchbrechen. Er will uns zum Überfließen mit seiner vollkommenen Liebe erfüllen, damit wir andere lieben können, die Not leiden.

Sich wiederholende Kreisläufe

Eine Frau in unserer Gemeinde erkannte, daß sie ihre Familiengeschichte voller Entbehrungen auf ihre Kinder projizierte. Sie sagte uns:

> Als ich verstand, was die Bibel mit Vergebung meint, öffneten sich meine Augen für eine andere Realität. Ich pflegte zu sagen: „Herr, trotz seiner Gleichgültigkeit und obwohl er mich verlassen hat, habe ich dem Vater meiner Töchter vergeben." Doch im Gebet erinnerte mich der Heilige Geist, daß ich meine Töchter seit neun Jahren weder umarmt noch geküsst hatte. Ich erinnerte mich, wie traurig ich mich fühlte, wenn jemand mich eine „ledige Mutter" nannte. Als Unverheiratete sah ich all die Ehepaare in der Gemeinde und sagte: „Warum nicht ich?" Ich hatte einen Vater, der mich nicht liebte, und nun hatte ich keinen Mann. Warum mußte ich immer alleine sein?
>
> Wann immer das Thema Ablehnung angesprochen wurde, betete ich: „Herr, ich bin zu Hause, ich arbeite, ich kümmere mich um meine Töchter, ich bin ihnen Mutter und Vater – warum habe ich keinen Mann an meiner Seite?" So begann Gott an mir zu arbeiten. Er erfüllte mich mit seiner Liebe und befreite mich von aller Abhängigkeit von Menschen. Er ist mein Geliebter, mein Ein und Alles!
>
> Gleichzeitig wurden mir die Augen geöffnet für die Realität bezüglich meiner Töchter. Voller Schmerz mußte ich zugeben, daß ich einen Teil meines Schmerzes und meiner Frustration ihnen aufgeladen hatte. Als die Älteste geboren wurde, brauchte ich zwei Tage, bis ich sie in den Arm nehmen konnte. Ich lehnte sie ab, denn ich hatte einen Sohn gewollt. Meine kleinere Tochter fand ich so häßlich, daß ich sie verstecken mußte. Nach dieser Zeit mit Gott kann ich es gar nicht erwarten, nach Hause zu kommen und meine Töchter um Vergebung zu bitten. Ich möchte sie umarmen und lieben.

Minderwertigkeit

Wir brauchen so sehr die Liebe anderer, doch oft bekommen wir sie nicht. Wir fühlen uns wertlos, unter die Blumentöpfe geworfen. Eine andere Frau erzählte uns folgende Geschichte:

> Der Herr brachte etwas ans Licht, was seit meiner Kindheit verborgen gewesen war. Wenn andere sagten: „Wir sind besonders und einzigartig in Gottes Augen", sagte ich Amen, aber ich glaubte es nie wirklich. Ich bin seit dreieinhalb Jahren Christ, und Gott hat mir jetzt zu verstehen geholfen, wo meine Minderwertigkeit herkommt. Meine Schwestern waren sehr dominant. Immer waren sie für alles zuständig, wodurch ich mich abgeschoben und unsicher fühlte. Der Herr hat mir gezeigt, daß ich in seinen Augen etwas Besonderes bin, daß er mich liebt und ich sein Augapfel bin. Die schweren Ketten sind zerbrochen, und ich habe ein neues Herz.
>
> Oft haben auch die kleinsten Details des täglichen Lebens Menschen sehr verletzt. Ich erinnere mich an eine ältere Dame, die uns mit Tränen in den Augen sagte:
>
> Diese Gebetszeit hat mir viel bedeutet, denn ich habe nie die Liebe meiner Mutter erlebt. Sie hat mich nie gekämmt. Ich wollte nie am Tisch sitzen, und sie mußte mich zwingen zu frühstücken. Sie war schroff, abweisend, kalt. Der Herr sagte mir: „Wenn ich ihr vergeben habe, warum kannst es nicht?" So wurde ich befreit von diesem Schmerz.

Vielleicht fühlst du dich ebenso. Vielleicht wurdest du in deinen ersten Lebensjahren einfach übersehen. Vielleicht hast du nicht die nötige Anerkennung bekommen und hast daher eine unsichere und labile Persönlichkeitsstruktur mit starken Minderwertigkeitsgefühlen entwickelt. Du schaust dich im Spiegel an und denkst, *Ich bin wenig wert, bedeutungslos. Ich bin ganz gewöhnlich und alltäglich, einer in der Menge, der sich weder abhebt noch hervorsticht. Ich bin einfach eine Tonscherbe*." Dann hebst du den Blick zum Himmel und sagst zum Herrn: „Wenn Du in dieser Stadt oder in dieser Nation etwas Wertvolles tun möchtest, dann suche dir lieber jemand anders, denn ich bin zu nichts nütze." Du hast nicht die nötige Wertschätzung empfangen. Du wurdest unter die zerbrochenen Töpfe geworfen, und jetzt fühlst du dich unwürdig, zu nichts zu gebrauchen. Du glaubst nicht, daß Gott dich für etwas so Großes und Signifikantes gebrauchen könnte wie eine Erweckung in deiner Stadt oder in deinem Land.

Vielleicht fühlst du dich frustriert, weil deine Lebensumstände keine positiven waren.

In erinnere mich deutlich an die harten Jahre des Zerbruchs in meinem Leben. Mein Dienst hatte absolut keinen Erfolg. Ich war voller Energie von der Bibelschule gekommen, doch die Realität meiner eigenen Begrenzungen wurde täglich offensichtlicher. Ich fühlte mich frustriert. Ich war ein Hirte ohne Schafe. Sieben endlose Jahre lang bestand meine Gemeinde aus vier lieben alten Damen und meiner eigenen Familie. Wenn es kalt war, kam einzig und allein meine Frau Betty, um mich predigen zu hören. Manchmal kamen unangemeldet meine Freunde, Pastoren oder Missionare zum Gottesdienst und fanden mich alleine vor. Ich wollte am liebsten sterben. Der Teufel hatte eine Waffe. Er flüsterte mir ins Ohr: „Du hast dich geirrt. Du bist zu nichts nütze in dieser Arbeit, du wirst es nie zu etwas bringen." Es gab Augenblicke, da wollte ich alles hinschmeißen. Ich war zornig, fühlte mich als armes Opfer und meinte, niemand kümmere sich um mich. Noch dazu war unsere finanzielle Situation erbärmlich. Ich konnte kaum meine Familie ernähren. Wir lebten in einem alten, heruntergewirtschafteten Haus ohne Warmwasser. Dort feierten wir unsere Gottesdienste, in einem kleinen Raum, den wir jeden Abend dafür herrichteten. Gott wirkte in jenen Jahren an mir und lehrte mich, einzig und allein von ihm abhängig zu sein.

Der Töpfer will dein Leben wiederherstellen!

Ein zerbrochenes Gefäß

Ein zweites Hindernis ist in Betracht zu ziehen. Das Wort *Tonscherbe* beschreibt ein Bruchstück von Töpferware. Wenn ein Gefäß zerbricht, ist jedes Stück davon eine Tonscherbe. Hiob 2,8 sagt, Hiob nahm eine Tonscherbe, um sich damit zu schaben, während er mitten in der Asche saß. Er kratzte sich nicht mit einem Gefäß; er benutzte ein Stück zerbrochener Töpferware. Dieses scharfe Bruchstück war nützlich gegen den lästigen Juckreiz. Jesaja 30,14 sagt: „Und er wird sie zerbrechen, wie man einen Töpferkrug zerbricht, mitleidslos zertrümmert, und unter dessen Bruchstükken man nicht ein ganzes Tongefäß findet, um damit Feuer vom Herd zu holen oder Wasser aus einer Wassergrube zu schöpfen." Das Gefäß war so sehr zerbrochen worden, daß auch nicht ein Stück übrig blieb, das groß genug wäre, etwas Wasser aus der Wassergrube oder Feuer vom Herd aufzubewahren.

Die Tonscherbe ist etwas, was zerbrochen wurde – ein zersprungener Krug, ein zerbrochenes Gefäß – ein zerbrochenes und ausgetrocknetes Stück Ton. David sagt: *„Meine Kraft ist vertrocknet wie eine Scherbe, und meine Zunge klebt an meinem Gaumen; und in den Staub des Todes legst du mich*“ (Psalm 22,15).

Vielleicht fühlst du dich wie David. Du magst überzeugt sein, Gott könne dich nicht gebrauchen. „Ich bin nicht mehr als ein tönernes Gefäß,“ sagst du. Du meinst, Gott könne sich nur verherrlichen durch außergewöhnlichere und kostbarere Menschen. Immer wieder sagst du Gott: „Mein Leben ist in Scherben. Ich wurde unter die Tonscherben geworfen. Ich bin nur ein Stück von etwas, das zerbrochen ist, das nie nutzbar war, das zerstört wurde. Ich fühle mich genau wie der Psalmist – ausgetrocknet. Ich bin eine trockene Tonscherbe. Meine Zunge klebt an meinem Gaumen, in den Staub des Todes hast du mich gelegt. Ich bin in Stücke zerbrochen. Ich bin erbarmungslos zerstört worden.“

Dinge, die in wenigen Augenblicken ablaufen, können uns für den Rest unseres Lebens schädigen. Es ist, als fiele plötzlich eine ganze Tonne Backsteine auf ein Tongefäß und zerbräche es in tausend Scherben.

Sexueller Mißbrauch in der Kindheit kann in einer Person lebenslange Narben verursachen. Eine mißbrauchte Frau mag vielleicht nie mehr fähig sein, Männern zu vertrauen. Oder sie lehnt ihren Mann ab oder sogar sich selbst. Ich erinnere mich an eine ältere Dame, die erstmals den sexuellen Mißbrauch bekannte, den sie erlitten hatte. Die Bilder und Gefühle waren für immer in ihrem Sinn eingebrannt. Sie lehnte ihren Körper ab und war unfähig, ein normales Eheleben zu führen. Der Mißbrauch selbst hatte nur wenige Sekunden gedauert, hatte sie jedoch verwirrt, zornig und gedemütigt zurückgelassen, und die Auswirkungen hielten ewig an. Gott sei Dank kam Jesus Christus, unser wunderbarer Arzt, zu ihr und befreite sie von dem Schmerz.

Ehebruch – das Gefühl, ungerechterweise betrogen zu werden von jemandem, dem wir vertraut haben – zerbricht das Gefäß. Wir brauchen Wiederherstellung durch den Meister.

Betrug oder eine finanzielle Krise kann eine Familie in Armut stürzen und innere Zerbrochenheit hervorrufen, über die man sehr schwer hinwegkommt.

Enttäuschung, Verrat und negative Umstände haben das Gefäß zerstört, das du einst warst, jenes wunderbare Gefäß, und übrig sind nur noch Tonscherben, gerade gut genug, die juckende Haut zu kratzen. Und so denkst du, *Herr, von welcher Erweckung redest du? Ich soll ein Segen sein für andere, wenn ich doch kaum mit meinem eigenen Leben zurechtkomme? Wie willst du mich gebrauchen, eine Stadt zu verändern, wenn ich meine eigene Frustration und meinen eigenen Schmerz nicht lösen kann?*

Fühlst du dich so? Wenn ja, dann möchte ich dir sagen in der Autorität, die der Herr mir gegeben hat: Alles, was du gesagt hast, ist wahr, aber nur bis zum heutigen Tage. Es ist nur ein Teil der Geschichte, es ist die Geschichte, die bis heute geschehen ist. Doch es gibt einen zweiten Teil, und zwar das, was Gott von diesem Punkt an in deinem Leben tun möchte.

Eine Taube mit goldenen Federn und silbernen Flügeln

Was wird Gott in der Zukunft tun? Lies einmal genau, was Psalm 68,13 sagt: „*Die Flügel einer Taube, mit Silber überzogen und ihre Schwungfedern mit grüngelbem Gold.*" Der Herr sagt, er wird dich machen wie die Flügel einer Taube, bedeckt mit Silber. In der Bibel ist Silber ein Symbol der Reinigung: „*Silber, am Eingang zur Erde geläutert, siebenmal gereinigt*" (Ps. 12,7). Silber wird äußerster Hitze ausgesetzt und geläutert, siebenmal gereinigt. „*Denn du hast uns geprüft, Gott, du hast uns geläutert, wie man Silber läutert*" (Ps. 66,10).

Der Psalmist nennt die Federn der Taube bedeckt mit Gold. Gold symbolisiert das teuerste Metall. Der Prophet Jesaja sagt zum Beispiel: „*Ich will den Sterblichen seltener machen als gediegenes Gold und den Menschen seltener als Ofirgold*" (Jes. 13,12). Für Gott sind wir das Kostbarste, was es gibt.

In 1. Petrus 1,7 lesen wir, daß mancherlei Versuchungen uns betrübt haben, „*damit die Bewährung eures Glaubens viel kostbarer erfunden wird als die des vergänglichen Goldes, das aber durch Feuer erprobt wird, zu Lob und Herrlichkeit und Ehre in der Offenbarung Jesu Christi.*" Der Herr sagt damit: „Du hast Vernachlässigung, Härte, Anfechtungen und Schmerz erlitten. Ich werde all das in meine Hände nehmen und dich zu etwas ganz anderem machen. Du wirst sein wie die Flügel einer Taube. Diese Flügel sind bedeckt mit gereinigtem Silber und mit goldbedeckten Federn, dem kostbarsten Material überhaupt."

Gott zeigt dir den Grund, warum du leiden mußtest. Der Herr zeigt dir die Absicht hinter dem Ganzen. Dein Leben, genau wie Silber, mußte im Feuer geläutert werden. Du magst sagen: „Pastor Claudio, ich bin nicht nur einmal, sondern siebenmal durchs Feuer gegangen. Immer wenn ich dachte, ich käme aus einer Anfechtung heraus, kam ich in die nächste. Und ich bin immer noch im Feuer. Ich bin immer noch im Feuerofen."

Gott erklärt, daß unser Leben durch Anfechtungen geläutert wird, genau wie Feuer Silber läutert. Gott hat eine Absicht: Er will etwas aus deinem Leben machen. Er verspricht, dich zu verändern. Er wird dein Gefühl von Wertlosigkeit wegnehmen und dich mit Gold bedecken, dem kostbarsten Metall, das es gibt. Das bedeutet, dein Leben ist bedeckt mit all dem Wert, den Gott ihm geben möchte. Es ist bedeckt mit den kostbaren Dingen, die Gott für dich hat.

Die Veränderung von dem, was wir waren, zu dem, was Gott nun in uns haben möchte, ist sein souveränes Werk. Es geschieht nicht plötzlich oder zufällig oder weil es unser Schicksal ist. Wir müssen Gott erlauben, uns von Tonscherben zu Tauben mit Silberflügeln zu machen, die mit Gold bedeckt sind. Unser allmächtiger Gott möchte, daß du nicht länger ein Stück Töpferware bleibst, das in einer Ecke liegt. Er möchte, daß du beginnst, eine Taube mit Silberflügeln zu sein und mit Federn, die mit Gold bedeckt sind.

In der Bibel symbolisiert die Taube zwei Dinge. Die Taube ist ein Symbol der Erstlingsfrüchte der neuen Schöpfung Gottes – das Symbol der Wieder-Erschaffung. Das 1. Buch Mose sagt, daß die Taube, als sie nach der Flut abends zu Noah zurückkehrte, ein frisch gepflücktes Olivenblatt in ihrem Schnabel trug! So wußte Noah, daß das Wasser von der Erde zurückgewichen war (siehe 1. Mose 8,11). Doch die Taube ist auch das Symbol der Handlungen des Heiligen Geistes, seiner Gegenwart. „*Und als Jesus getauft war, stieg er sogleich aus dem Wasser herauf; und siehe, die Himmel wurden ihm aufgetan, und er sah den Geist Gottes wie eine Taube herabfahren und auf ihn kommen*" (Matth. 3,16).

Gott nimmt dein Leben in die Hand und verwandelt dich in die Erstlingsfrucht seiner neuen Schöpfung. Die *Erstlingsfrucht* bedeutet das erste Werk seiner neuen Schöpfung. Zuerst macht Gott dich neu. Wie ein Töpfer legt er seine Hand an dich und beginnt, dich neu zu formen. Er sagt dir, daß noch nicht alles verloren ist. Obwohl du unter die Scherben weggeworfen wurdest, holt er dich heraus und formt dich zu einem Meisterwerk.

Es wird nicht einfach nur irgendein Gefäß sein; er wird dich zu einer Silbertaube machen, deren Federn Gold sind. Er wird auch ein wunderbares Werk der Wiederherstellung in deinem Leben tun, so daß du die Erstlingsfrucht der neuen Schöpfung werden kannst, der Erneuerung, der Wiederherstellung, die er durch den Heiligen Geist über die ganze Welt bringen wird.

Deine Rolle im Wirken Gottes

Sicherlich fragst du dich jetzt: „Was ist meine Rolle in dem Ganzen? Was muß ich tun?" Zuerst einmal eine Haltung der Schlichtheit haben. Jesus sagte, wir sollen sanft sein wie die Tauben. Gott möchte uns in Tauben verwandeln – schlicht wie Tauben. Wir müssen eine schlichte, zielstrebige und aufrichtige Haltung haben vor Gott. Sag dem Herrn mit aller Aufrichtigkeit: „Hier ist mein Leben. Ich fühle mich wie ein zerbrochener Krug, weggeworfen unter andere Tonscherben, unter belanglose Dinge, zerbrochen, zerschlagen, zermalmt. Ich bin nur noch dazu nütze, ein jämmerliches Jucken zu kratzen wie bei Hiob." Sag ihm, wie zerbrochen du bist. Gott braucht zuerst dein aufrichtiges Herz, um eine Veränderung zu schaffen.

Dann ist da noch ein zweites, was Gott verlangt. Die Taube war das schlichteste Opfertier der Israeliten. Es war das Opfer, das die Armen brachten. Diejenigen, die es sich nicht leisten konnten, ein Zicklein oder einen Ochsen zu opfern, brachten eine Taube. Und so, auch wenn du empfindest, daß dein Leben nicht viel wert ist und du nicht einmal ein Zicklein oder Ochse bist, möchte Gott doch, daß du ihm dein ganzes Sein als Opfer hingibst. Er möchte, daß du dich selbst als Opfer bringst wie eine Taube – ein weißes, reines, sauberes Opfer, ganz und gar ihm geweiht. Dann wird Gott dein Leben nehmen und dich zu den Erstlingsfrüchten seiner neuen Schöpfung machen, der Ernte, die er uns geben möchte, der Erweckung, die er über deine Stadt bringen möchte. Er möchte, daß du die Gegenwart der heiligen Taube trägst, des Heiligen Geistes, zum Segen vieler.

Was wirst du tun mit deinem Leben? Wirst du ein zerbrochenes Stück Töpferware sein oder eine Taube? Ich bete, daß der Herr dich verwandeln möge in eine „Taube, bedeckt mit Silber und ihre Federn mit gelbgrünem Gold."

4. Leere Gefäße

> Juda trauert, und seine Tore welken dahin, sie liegen in Trauer am Boden, und Jerusalems Klagegeschrei steigt empor. Seine Mächtigen schicken ihre Untergebenen nach Wasser. Sie kommen zu den Zisternen und finden kein Wasser, sie kommen mit leeren Händen zurück mit ihren Gefäßen; sie sind enttäuscht und beschämt und verhüllen ihr Haupt. Jeremia 14,2-3

Der Text in Jeremia 14,2-3 beschreibt ganz klar etwas, was uns oft geschieht. Wir fassen Ziele ins Auge und glauben zu erreichen, wonach wir Ausschau halten. Doch wenn wir dann auf die Erfüllung unserer Träume lossteuern, finden wir nicht das Wasser, das wir so sehr ersehnt hatten. So kehren wir zurück mit leeren Gefäßen in unseren Händen. Die Enttäuschung trifft uns hart, und wir bleiben zurück in einem Zustand von Scham und Verwirrung. Wir beginnen zu überlegen, was andere sagen mögen, wenn sie unser Versagen sehen, und fühlen uns töricht und zutiefst frustriert. Wir empfinden auch Verwirrung, weil wir nicht verstehen, warum wir versagt haben, warum wir nicht fähig waren, unsere Träume zu realisieren.

Wir fragen Gott, warum er uns in ein solches Durcheinander hat geraten lassen. Wir fühlen uns entsetzlich deprimiert. Ein tiefes Empfinden von Entmutigung beherrscht uns, und wir fühlen uns gar nicht danach, wieder von vorn anzufangen oder einfach weiterzuleben. Wir erkennen die Wahrheit von Sprüche 18,14, wo es heißt: „*Eines Mannes Geist erträgt seine Krankheit, aber einen niedergeschlagenen Geist, wer richtet den auf?*"

Enttäuschung ist eine wahrhaft mächtige Waffe in Satans Hand. Sie führt uns in Depression. Es ist eine universelle Frustration, die wir alle angehen und lösen müssen, um Hoffnung in unserem Leben haben zu können.

Betrachten wir einmal die Enttäuschung

Enttäuscht zu sein heißt unglücklich sein, weil unsere hoffnungsvollen Träume sich nicht erfüllt haben. Enttäuschung ist jene Niedergeschlagenheit, die wir empfinden, wenn alle unsere Pläne, Träume und Überzeugungen vor unseren Augen einstürzen.

Wenn auch der Teufel den Schmerz der Enttäuschung gebraucht, um uns zu besiegen, so halte ich sie doch für etwas Positives in unserem Leben. Das Lexikon definiert *Enttäuschung* als „den Verlust von Träumen", „enttäuscht sein." Wenn Enttäuschung uns hilft, nicht länger in Lügen oder in einer Traumwelt zu leben, dann sollten wir sie willkommen heißen.

Viele Menschen leben in einer Traumwelt. Das Wort *Illusion* kommt von einem lateinischen Wort, das bedeutet „täuschen". Illusion ist ein Irrtum des Verstandes oder der Sinne. Wir empfinden Schein als etwas Reales. Naive Personen oder Träumer sind Opfer der Täuschung. Es ist gut, den Schmerz der Enttäuschung zu verspüren, wenn du Opfer der Täuschungsmanöver einer anderen Person geworden bist.

Enttäuschung ist aber nur dann gut, wenn wir verstehen können, was unsere Illusion war, wenn wir verstehen können, unter welcher Art von Täuschung wir standen. Es gibt sechs Illusionen, die Gläubige tief verletzen können. Obwohl Enttäuschung schmerzt, liegt doch das wahre Problem in der Täuschung, die dich überhaupt dazu gebracht hat, an jenen Traum zu glauben. Deshalb ist es so wichtig, aufmerksam auf diese sehr häufigen Illusionen zu achten.

Enttäuscht von deinen Träumen

Die erste Illusion besteht darin, in der Zukunft zu leben anstatt in der Gegenwart. Es gibt Menschen, die ständig an morgen denken, Pläne machen, Gottes Willen für die Zukunft zu erkennen versuchen, und nur für Zukünftiges beten. Und während sie so auf die Zukunft ausgerichtet leben, legen sie eine schwere Hypothek auf ihre Gegenwart. Es ist gut, Dinge zu erwarten, doch wenn uns das daran hindert, vollkommen in der Gegenwart zu leben, verfallen wir in eine illusorische Fluchtmentalität. Anstatt der heutigen Realität gegenüberzutreten, rennen wir davor weg, indem wir in die Zukunft schauen. Wie ein russisches Sprichwort sagt: „Mit versprochenem Feuerholz kannst du kein Haus wärmen."

Die von dieser futuristischen Haltung hervorgerufene Unruhe erfüllt uns mit Qual. Das Wort ermutigt uns, alle unsere Sorgen auf den Herrn zu werfen, da er für uns sorgt (1. Petr. 5,7). Wie ein französischer Philosoph einst sagte: „Das einzige, was wir von morgen sicher wissen können, ist, daß Gott vor der Sonne aufstehen wird."

Es ist gut, unser Leben zu planen und zu organisieren. Doch wenn Planen alles ist, was wir tun, werden wir nie etwas zustandebringen. Es ist wichtig, einen Plan zu machen, um ein Gebäude zu errichten. Doch wenn ich immer nur Pläne mache und nie zu bauen beginne, werde ich niemals ein Gebäude haben, ganz egal, wie gut meine Blaupausen auch sein mögen. Es gibt viele Christen, die immer nur Pläne machen. Jedes Mal, wenn man mit ihnen spricht, scheinen sie an einem neuen Projekt zu arbeiten, doch es kommt nie zustande.

Christen müssen den Willen Gottes kennen, doch viele Christen verbringen ihr Leben damit, nach Gottes Willen für die Zukunft zu suchen und sogar andere danach zu fragen. Und so traurig es ist, während sie sich über die Zukunft Gedanken machen, versäumen sie Gottes Willen für die Gegenwart.

Gebet ist eine wunderbare Hilfe. Wie begeisternd ist es doch, für Dinge in der Zukunft beten zu können. Wenn wir für Kommendes beten, werden wir all unsere Sorgen los. Doch es ist traurig, wenn die Umstände gleich bleiben. Während wir für Pläne und zukünftige Dinge beten, verpassen wir die Gegenwart. Jemand sagte einmal, Leben sei etwas, das stattfindet, während wir damit beschäftigt sind, die Zukunft zu planen.

Jesus forderte uns heraus, einen Tag nach dem anderen zu leben. Der einzige Tag, den er uns gab, um zu handeln und seinen Willen zu tun ist *heute*. Er ermahnt uns stark, wenn er sagt: „So seid nun nicht besorgt um den morgigen Tag, denn der morgige Tag wird für sich selbst sorgen. Jeder Tag hat an seinem Übel genug" (Mt. 6,34). Wenn du daher Schmerz leidest, weil deine Pläne nicht gelungen sind, dann heiße diese Enttäuschung willkommen. Ich bin froh, daß du nicht länger irregeführt bist. Deine Pläne mögen zerstört sein, aber Gott legt Bausteine in deine Hände, so daß du heute anfangen kannst zu bauen.

Enttäuscht von deinen Plänen

Eine zweite Illusion besteht in dem Glauben, wir könnten unser Leben selbst planen, ohne Gottes Eingreifen. Wenn wir enttäuscht werden, bringt

Gott uns zu der Frage, wessen Pläne wir nun eigentlich verfolgen – unsere Pläne oder seine?

Der Schmerz der Enttäuschung ist das Resultat unserer eigenen Illusionen und Täuschungen, davon, daß wir unser Leben auf *unsere* Pläne anstatt auf *Gottes* Pläne als Fundament gebaut haben. Wenn wir dieses Konzept verstehen und fest daran glauben, werden wir als nächstes dem Herrn sagen, daß wir nicht wieder mit unseren eigenen Planungen beginnen, sondern in seinen Mustern bleiben wollen. Ich werde nicht länger meinen Willen tun, sondern den Willen Gottes.

Sei dir von nun an bewußt, daß dein tiefstes Bedürfnis die Erfüllung des Planes Gottes für dein Leben ist. Bist du enttäuscht? Hast du alle Hoffnung verloren? Hab keine Angst. In all dem steckt etwas Positives. Gott ruft dich. Das Fehlschlagen deiner Pläne ist unter Gottes Kontrolle, und er gebraucht diese Schwierigkeiten, um dir verstehen zu helfen, daß du seine Pläne brauchst.

Enttäuscht von deiner Vorstellung von Glück

Die Illusion zu glauben, unser Glück sei von der Erfüllung unserer Träume abhängig, ist eine weitere Quelle der Täuschung, die Leid bringt. Ein Brief, den ich bekam, zeigt das sehr deutlich:

> Im Winter 1991, bevor ich meine Entscheidung in die Tat umsetzte, meiner Tochter und mir das Leben zu nehmen, schrie ich von meinem Bett aus zu Gott: „Gott, warum hast du mich in diese Welt gebracht?" Ich erinnere mich an eine tiefe Depression, hervorgerufen durch Enttäuschungen und Hoffnungslosigkeit. Ich fühlte mich leer und konnte nicht über meine Sorgen und meine Isolation hinaussehen. Ich konnte einfach nicht mehr. Eine finstere Hand von Gewalt und Zerstörung hatte all meine Ambitionen bezüglich Familie, Ehe, Beruf und Mutterschaft zerschlagen. Diese Hand war auch voll von Materialismus, Selbstsucht, Versagen und Frustrationen. Ich haßte mein Leben und hielt den Tod für den einzigen Ausweg.

Dies ist nur ein Beispiel von Millionen von Menschen, die in guten Dingen nach Glück suchen und sich dabei mehr auf ihre Errungenschaften verlassen als auf Gottes Liebe.

Glück ist viel mehr als die Emotion, die wir tief in unserem Herzen empfinden, wenn unsere Träume wahr werden. Psychologen erklären, daß Wünsche Unruhe hervorrufen, und sogar wenn sie erfüllt werden, diese Unruhe früher oder später negative Resultate hervorruft. Leben ist viel mehr als die Emotion, die wir erleben, wenn wir etwas erreichen. Wir können uns von diesen Emotionen nicht nähren. Es wäre dasselbe, wie zu erwarten, daß ein Kind bei einer Diät von Süßigkeiten und Bonbons gesund und stark aufwächst.

So zu denken ist ein kostspieliger Irrtum. Wenn Erfolg nicht kommt, wenn Träume nicht Realität werden, wenn Wünsche nicht erfüllt werden, dann ist der Schmerz, den wir erleben, ebenso stark wie die Emotionen, die wir vorher empfanden. Wir fühlen uns unglücklich und traurig, und nichts in der Vergangenheit kann kompensieren, wie wir uns jetzt fühlen.

Ein großer Denker sagte einst: „Wer erwartet, glücklich zu sein in der Weise, wie er es sich vorgestellt hat, an einem gewissen Ort, mit einer gewissen Person, endet im Unglück. Glück geht weit über uns hinaus; es kann nie Teil unserer Pläne sein. Unsere Pläne müssen dem ewigen Plan Gottes angepaßt werden, weil unser Glück von ihm allein kommt."

Gemeinschaft mit Gott ist unsere wahre Quelle des Glücks. Nach viel Leid verstand der Psalmist diese Wahrheit und war fähig zu sagen:

> Es gibt kein Glück für mich außer dir ... Ich habe den Herrn stets vor Augen; weil er zu meiner Rechten ist, werde ich nicht wanken. Darum freut sich mein Herz und frohlockt meine Seele. Auch mein Fleisch wird in Sicherheit ruhen ... Du wirst mir kundtun den Weg des Lebens; Fülle von Freuden ist vor deinem Angesicht, Lieblichkeiten in deiner Rechten immerdar." Psalm 16,2.8-9.11

David verkündet, daß er nicht wanken wird. Nichts wird ihn enttäuschen, weil die Quelle seiner Freude und seines Glücks, seines überströmenden Lebens, nicht in seinen Träumen liegt, sondern darin, in der Gegenwart Gottes zu leben. Der Töpfer hat uns dazu erschaffen, in seinen Händen zu sein. Einer der Kirchenväter sagte: „Herr, wir wurden für dich erschaffen, und unsere Seele ist solange unruhig, bis sie in dir Ruhe findet." In ihm und in ihm allein finden wir wahre Erfüllung und ewiges Glück.

Enttäuscht in deinem Bedürfnis nach Anerkennung

Eine vierte Täuschung besteht in dem Glauben, wir müßten uns selbst einen Namen machen und überall Anerkennung und Bestätigung von anderen suchen. Diese Haltung ist eine wahre Quelle der Enttäuschung. Vielen Christen mangelt es an überströmendem Leben, weil sie Sklaven der Meinungen anderer Menschen sind. Ein Bedürfnis nach Anerkennung und Bestätigung kann eine Person so in die Abhängigkeit treiben, daß sie nur noch fähig ist, auf die Erwartungen anderer zu reagieren und deren Zustimmung zu benötigen. Die Tragödie trifft ein, wenn das Lob nicht kommt oder, noch schlimmer, wenn statt Lob Kritik kommt. Dann schlägt aufgrund der Enttäuschung die Realität voll über uns zusammen. Wenn wir jedoch nach Gottes Annahme und bedingungsloser Liebe suchen, und wenn wir andere und uns selbst annehmen, wie Gott uns annimmt, werden wir nie wieder unter dieser Illusion leiden. Gottes Liebe ist eine unendliche Quelle von Akzeptanz, Fürsorge und Wertschätzung. Wir werden nie wieder Sklaven anderer und deren Meinungen sein.

Enttäuscht von der Erwartung äußerlicher Veränderungen

Eine weitere Illusion, die schließlich ins Leid führt, ist der Irrglaube, wenn unsere Umstände sich veränderten, wären wir glücklich. Zu glauben, mein Glück wäre von den Umständen um mich herum abhängig, ist völliger Unsinn. Es ist dasselbe wie zu glauben, mit einem neuen Tennisschläger wären wir plötzlich großartige Tennisspieler. Die meisten Christen verbringen ihre Gebetszeit damit, Gott zu bitten, ihre Umstände zu verändern. Nur sehr wenige sagen: „Herr, verändere *mich*." So leben sie immer auf dem Sprung. Sie leben ihr Leben, als stünden sie auf irgendeiner Warteliste. Sie warten darauf, daß sich ihr Chef verändert, daß sich ihr Ehepartner verändert, daß ihre Schwiegermutter auszieht, daß die Regierung einen neuen Gesundheitsplan einführt – von einer Enttäuschung zur nächsten. Höre auf, auf die Veränderung deiner Umstände zu warten. Du bist derjenige, der eine Veränderung nötig hat, und dann werden deine Umstände folgen.

Enttäuscht von Menschen

Die schmerzhafteste Enttäuschung ist diejenige, die uns von einer anderen Person zugefügt wird. Menschen enttäuschen uns, wenn wir eine bestimmte Handlungsweise von ihnen erwarten und sie dann das Gegenteil tun. Es könnte ein Freund sein, der uns fallen läßt, wenn wir ihn am meisten bräuchten, oder ein Chef, der uns gemein austrickst. Manchmal ist es ein Angehöriger, der uns untreu war, oder die Eltern, die wir immer ehrten und die uns plötzlich fallen ließen. Es könnte der Politiker sein, dem wir so vertrauten, der aber unsere Erwartungen nicht erfüllt hat, oder ein Pastor, der uns mit einer Fehlhaltung enttäuscht hat.

Neulich erzählte uns eine junge Dame aus unserer Gemeinde ihr Erlebnis. Ich finde, es illustriert diesen Punkt wunderbar.

Ich liebte meinen Freund mehr als alles auf der Welt, weil ich das Gefühl hatte, alle anderen hätten mich verlassen. Meine Eltern hatten mich zur Adoption freigegeben, so daß eine andere Familie mich aufziehen konnte. Ich erfuhr das erst, als meine Adoptivmutter, meiner Rebellion und meiner schlechten Manieren müde, mir grausam sagte, daß ich nicht ihr Kind und sie nicht meine Familie seien. Sie begann, mir alles vorzuhalten, was sie für mich getan und mir gegeben hatte.

Der Schmerz war so intensiv, daß ich in eine tiefe Depression verfiel. Ärzte und Psychologen versuchten, mir zu helfen, jedoch ohne Resultate. Ich lebte in Qual und wollte mit niemandem sprechen. Eines Tages fand ich die Schlaftabletten meiner Mutter und schluckte sie alle. Ein Wunder rettete mein Leben. Ich hatte meiner Mutter einen Abschiedsbrief hinterlassen, den sie auch fand. In ihrer Verzweiflung suchte sie Hilfe bei allen möglichen Heilern und Zauberärzten.

In jener Zeit war mein Freund meine einzige Quelle von Sicherheit und Liebe. Ich vertraute ihm und teilte mit ihm mein ganzes Herz. Eines Tages blieb er zum Lernen zu Hause, und so beschloß ich, eine Freundin in der Nähe seiner Wohnung zu besuchen. Als ich aus dem Bus stieg, sah ich meinen Freund eine Freundin von mir umarmen und küssen. Ich konnte meinen Augen nicht trauen. Ich hatte nicht einmal die Kraft, zornig zu werden. Alles, was ich empfand, war eine extreme Traurigkeit. Ich ging nach Hause zurück. Ich war die ständigen Fehlschläge müde und empfand einen entsetzlichen Schmerz darüber, daß mich anscheinend niemand liebte.

Es ist sehr schmerzhaft, wenn Menschen, denen wir vertrauen, uns im Stich lassen. Unser Leid wird solange anhalten, bis wir erkennen, daß wir unser Vertrauen nicht auf Menschen setzen können. Es mag übertrieben klingen, aber das ist es nicht. Der Psalmist erklärte: „Es ist besser, sich bei dem Herrn zu bergen, als sich auf Menschen zu verlassen. Es ist besser, sich bei dem Herrn zu bergen, als sich auf Edle zu verlassen“ (Ps. 118,8-9). Der Autor von Psalm 146 ist sogar noch eindeutiger, wenn er kategorisch sagt: „Vertraut nicht auf Edle, auf einen Menschensohn, bei dem keine Hilfe ist“ (V. 3).

Es ist wichtig zu verstehen, was das Wort Gottes uns lehrt. Es sagt nicht, wir sollten Menschen völlig mißtrauen. Wir sollen nicht Skeptiker sein, die keinem glauben und sich isolieren, um nicht verletzt zu werden. Traurigerweise ist das die Haltung vieler, die von Menschen enttäuscht wurden. Wenn das Wort uns sagt, wir sollen unser Vertrauen nicht auf Menschen setzen, dann meint es damit, daß unsere Glückseligkeit nicht von Menschen abhängen darf. Menschen sind Sünder, und wir können nicht viel von ihnen erwarten – früher oder später werden sie uns im Stich lassen. Darüber anders zu denken heißt, die menschliche Natur nicht zu kennen.

Wir müssen verstehen, daß Menschen unvollkommen sind, und sie dennoch lieben. Wenn wir ein realistisches Verständnis der menschlichen Natur bewahren, werden wir nicht enttäuscht sein, wenn sie uns im Stich lassen. Unser Vertrauen muß auf den Herrn und auf ihn allein gerichtet sein.

Ein sicheres Vertrauen

Es war eine besondere Zeit für das Volk Israel. Sie waren entmutigt und enttäuscht, weil ihr großer Leiter nicht mit ihnen in das Land zog, um es einzunehmen. So trägt Mose seinem Nachfolger Josua auf:

> Sei stark und mutig! Denn du, du wirst mit diesem Volk in das Land kommen, das der Herr ihren Vätern geschworen hat, ihnen zu geben; und du, du wirst es ihnen als Erbe austeilen. Der Herr, er ist es, der vor dir herzieht; er selbst wird mit dir sein; er wird dich nicht aufgeben und dich nicht verlassen. Fürchte dich nicht und sei nicht niedergeschlagen! 5. Mose 31,7-8

Wenn du gerade jetzt enttäuscht und entmutigt bist, dann vergiß nicht, daß der Herr mit dir ist und alles unter Kontrolle hat. Nichts liegt außerhalb seiner Herrschaft. Dein Leben wird nicht von Zufällen bestimmt. Dein

Leben wird nicht von deinen Umständen bestimmt. Wenn Jesus Christus dein Herr ist, dann herrscht er souverän über jeden Aspekt deines Lebens.

Mit Jesus als deinem Herrn kannst du das Leben in Frieden und Gelassenheit angehen in dem Wissen, daß alles unter Gottes Kontrolle ist. Daher wird alles in Ordnung kommen, weil der Gott, der über uns herrscht, uns zutiefst, bedingungslos und ewig liebt. Sein Wille ist immer das Beste für uns. Er will nicht nur das Beste für uns, sondern er hat auch die Macht, es geschehen zu lassen, weil er ein souveräner Gott ist.

Der Töpfer läßt Enttäuschung zu, um uns von allen täuschenden Illusionen zu reinigen. Manchmal wird er zulassen, daß unsere Träume scheitern, damit wir wieder in die Realität zurückgebracht werden können. Wenn unsere Pläne in sich zusammenfallen, dann akzeptieren wir, als zerbrechliche Gefäße, den perfekten Plan des Töpfers für uns. Manchmal wird er anderen erlauben, uns zu verletzen, damit wir unser Vertrauen auf ihn setzen.

Wenn du dich gerade jetzt wie ein leeres Gefäß fühlst, enttäuscht und frustriert, dann sollst du wissen, daß der Töpfer, der Gott, der dich liebt, dich auf ganz besondere Weise mit seiner Gegenwart erfüllen möchte. Laß dein Gefühl des Versagens hinter dir und komm zurück ins Haus des Töpfers.

5. Zerbrochene Gefäße

> Vor allen meinen Bedrängern bin ich zum Hohn geworden, auch meinen Nachbarn gar sehr, und zum Schrecken meinen Bekannten; die mich auf der Straße sehen, fliehen vor mir. In Vergessenheit bin ich geraten, aus dem Herzen fort wie ein Toter, bin wie ein verlorengegangenes Gefäß. Psalm 31,11-12

Jesus Christus ist in diese Welt gekommen, damit wir Leben haben können, Leben im Überfluß (Joh. 10,10). Als der Töpfer in seiner Liebe uns vor Grundlegung der Welt konzipierte, stellte er sich uns vor in diesem überfließenden Leben. Er möchte, daß wir von Sieg zu Sieg leben. Durch uns verbreitet er überall den Wohlgeruch der Kenntnis seiner selbst. Wir werden mit immer zunehmender Herrlichkeit in sein Ebenbild verwandelt.

Nun, wenn das wahr ist, dann fragen wir uns: Warum gibt es Christen, die statt des überfließenden Lebens erbärmliche Leben führen? Warum gehen sie von Versagen zu Versagen anstatt von Herrlichkeit zu Herrlichkeit? Warum spiegeln sie nicht die Herrlichkeit Gottes wider? Noch besser, wir sollten uns selbst fragen: Was hält uns davon ab, dieses überfließende Leben zu führen, von Sieg zu Sieg zu gehen, mit ständig zunehmender Herrlichkeit in sein Ebenbild verwandelt zu werden?

Ich bin überzeugt, einer der Hauptgründe liegt darin, daß in vielen von uns Wurzeln der Bitterkeit stecken. Diese Bitterkeit verwurzelt sich in unseren Herzen, wenn unser Leben anders aussieht, als wir es erwartet hatten. Wir werden dann voll von Haß, Groll, Neid und Schuldgefühlen. Das Resultat ist eine Krankheit, die uns die Freude im Herrn stiehlt, uns davon abhält, in Gottes Ebenbild verwandelt zu werden, und uns langsam zerstört.

Manchmal fühlen wir uns wie David. Wir sind entehrt worden. Diejenigen, die uns am nächsten stehen und die wir am tiefsten lieben, sind zu unseren Feinden geworden. Sie haben uns verletzt, verlassen, im Stich gelassen. Wir haben das Gefühl, auch Gott habe uns verlassen. Wir fühlen uns wie tot. Die Bitterkeit, die entsteht, weil wir den Grund unserer Leiden nicht verstehen, bringt uns dazu, uns wie ein *zerbrochenes Gefäß* zu fühlen.

Laß uns einmal genau betrachten, wie diese Wurzeln der Bitterkeit uns gefangennehmen und wie wir von ihnen freigesetzt werden können.

Was ist Bitterkeit?

Bitterkeit ist ein subtiles Gift, das wir Schlückchen für Schlückchen trinken und das uns schließlich zerstört. Wenn du Groll gegen jemanden hast, wird dieser Person überhaupt nichts passieren, du aber wirst mit Bitterkeit erfüllt werden, die dich geistlich, psychologisch und körperlich krank macht.

Wenn du voller Neid auf das Glück anderer bist, wird dein Herz mit Zorn und Bitterkeit erfüllt, und obwohl diejenigen, die du beneidest, überhaupt nicht beeinträchtigt werden, kannst du schließlich krank werden. Die Wunden der Vergangenheit heilen nie, weil du sie in deinen Gedanken immer wieder aufreißt. Erinnerungen quälen deinen Sinn, der krank ist vor Groll. Als Resultat wird dein ganzes Leben von Bitterkeit erfüllt.

Wir alle haben gelitten. Einige werden auch heute noch verletzt. Ich versuche nicht zu sagen, unser Schmerz sei reine Einbildung oder unsere Wunden seien nicht existent. Gott will uns heilen. Doch er wird uns nicht eine Erinnerungslücke geben oder die schlechten Zeiten aus unserem Gedächtnis löschen. Er will uns vergeben helfen und wird uns heilen, damit die Erinnerung nicht mehr schmerzt. Was uns geschehen ist, wird in der Vergangenheit bleiben.

Bitterkeit ist finster und schrecklich. Langsam aber sicher wird sie uns zerstören. Nicht nur das, sie ist eine ansteckende Krankheit. Ohne es zu merken, geben wir diese bitteren Gefühle und Lebenseinstellungen an andere weiter. Sie verletzt viele Menschen und kann sogar eine Gemeinde zerstören. Sie ist eines der Haupthindernisse für ein siegreiches Leben und eine wachsende Gemeinde.

Die folgende Geschichte wird meine Aussage illustrieren:

Ich wurde in eine sehr arme Familie hineingeboren. Mein Vater war ein guter Mann, der hart arbeitete, aber er trank recht viel. Meine Mutter war eine starke Autoritätsperson und sehr beherrschend.

Seit meinem sechsten Lebensjahr bemerkte ich einen Unterschied in der Art und Weise, wie meine Mutter meine älteren Schwestern und mich behandelte. Das verursachte mir viel Schmerz, und ich baute mehr und mehr Haß in meinem Herzen auf. Meine Mutter sagte mir nie, daß sie mich liebt; statt dessen pflegte sie mich zu schlagen. Ich weinte, bis meine Augen so geschwollen waren, daß ich sie nicht mehr öffnen konnte. Schon in diesem zarten Alter fragte ich den Herrn nach dem Warum.

Als ich achtzehn wurde, beschloß ich, von zu Hause auszuziehen. Ich wohnte in einem Mädcheninternat. Ich wurde ein Einzelgänger, schlief auf Bänken an Bahnhöfen oder in Bussen, immer unterwegs, hungrig und vor Kälte zitternd. Immer, wenn ich ein Problem hatte, gab ich meiner Mutter die Schuld dafür und haßte sie nur noch mehr. Doch ich sagte ihr nie etwas davon. Ich verbarg den Groll in meinem Herzen. Einige Zeit später heiratete ich und bekam zwei wunderbare Kinder. Im Jahre 1994 hörte ich dich im Radio predigen, und deine Worte rührten mein Herz an. Ich ging in die Gemeinde „König der Könige“ und nahm den Herrn Jesus als meinen Erlöser an. Gott begann, mein Herz von Haß, Zorn und Groll zu heilen. Eines Tages vergab ich im Gebet meiner Mutter. Ich weinte so sehr, daß ich einen ganzen See von Tränen um mich hatte. Dann stand ich auf, ging zu ihrem Haus, umarmte sie und sagte ihr zum ersten Mal in meinem Leben, daß ich sie liebe.

Heute umarme ich sie bei jedem Besuch viele Male. Ich habe ihr nie etwas gesagt und ihr nie Vorwürfe gemacht für das, was geschehen war. Ich weiß, Gott hat die Mauer niedergerissen, die Satan zwischen uns beiden aufgerichtet hatte. Sie ist nun frei, und ich liebe sie und habe Frieden.

Dies ist das Zeugnis einer Person, deren Leben wie ein zerbrochenes Gefäß vom Töpfer wiederhergestellt wurde. Leider stecken Wurzeln der Bitterkeit in den Herzen vieler Christen. Wir lassen zu, daß unsere Herzen sich mit Bitterkeit anfüllen, wenn wir in Zeiten der Anfechtung und Versuchung rebellieren, anstatt zu erkennen, daß Gott schon weiß, warum er so an uns handelt, und daß sein Wille gut, wohlgefällig und vollkommen ist. Aus diesem Grund ermahnt uns das Wort:

> … Achtet darauf, daß nicht jemand an der Gnade Gottes Mangel leide, daß nicht irgendeine Wurzel der Bitterkeit aufsprosse und euch beunruhige und die vielen durch diese verunreinigt werden.
>
> Hebräer 12,15

Wie können wir von Bitterkeit geheilt werden?

Der erste Schritt zur Heilung ist, Gott *deine Bitterkeit zu bekennen.* Dann *der Bitterkeit abzusagen – sie ist eine Sünde.* Höre auf, dich damit zu rechtfertigen, wie sehr du doch unter Mißhandlung gelitten hast. Laß nicht zu, daß Selbstmitleid dein Leben beherrscht. Tu' Buße, und Gott wird dich rechtfertigen. Paulus sagt: „Alle Bitterkeit sei von euch weggetan" (Eph. 4,31).

Bete zum Herrn und sage ihm: „Herr, Bitterkeit steigt aus meinem Inneren hoch und verletzt mich, aber ich weiß nicht, was ich tun soll. Mir ist klar, daß dir dieses Gefühl nicht gefällt. Ich sage dem Haß ab; ich sage diesem Groll ab; und ich sage der Sünde ab, in die ich immer wieder falle und die mich von dir wegzieht. Ich sage meiner Bitterkeit ab."

Jetzt *vergib denen, die dich verletzt haben.* Die Bibel sagt: „Wenn ihr aber den Menschen ihre Vergehungen nicht vergebt, so wird euer Vater auch eure Vergehungen nicht vergeben" (Mt. 6,15). Wenn wir fähig sind, anderen zu vergeben, wird der Herr uns vergeben. Vergib und segne diejenigen, die dich verletzt haben, die dich beleidigt haben, die dich abgelehnt und verwundet haben.

Erlaube Gott, dich zu heilen. Empfange Heilung im Glauben. Gott wird alles umwandeln, was wir aufrichtig und vertrauensvoll in seine Hände legen. Wenn du es ihm erlaubst, wird er die Wurzeln der Bitterkeit aus deinem Herzen entfernen.

Schließlich *bitte gerade jetzt um die Fülle des Heiligen Geistes.* Die beste Art, ohne Bitterkeit im Herzen zu leben, ist, erfüllt zu sein mit dem Heiligen Geist.

Dieses Zeugnis wird dir helfen, im Sieg zu leben:

„Gott hat in vielen Bereichen meines Lebens gearbeitet und tut das auch heute noch. Eine der Begebenheiten, die meine Bitterkeit brachen und mein Herz tief berührten, war der Moment, als ich endlich einem Familienmitglied vergeben konnte, das ich lange gehaßt und verabscheut hatte – meinem Vater.

Seine ständigen Streitereien, sein starker Charakter und Mangel an Gesprächsbereitschaft erfüllten mich mit Angst, Unsicherheit, Schmerz und Trauer. Was als Mangel an Annahme begonnen hatte, mit Wurzeln von

Bitterkeit, Zorn und Reibereien zwischen uns, hielt mich später gebunden und versklavte mich.

Mein Leben verlor allen Sinn. Mein Körper und meine Seele waren krank. Ich fühlte mich völlig entfremdet von meiner Familie, obwohl ich mit ihr zusammenlebte. Mein Leben war wie ein finsteres Loch, in dem ich gefangengehalten wurde. Ich empfand Einsamkeit, starke Ängste, Gefühle von Versagen, Trauer, Bitterkeit und Rebellion. Ich war sehr verletzt, und nichts schien mich trösten zu können.

Im Jahre 1986 führte der Herr meine Mutter und meine Schwester in die Gemeinde „König der Könige". Auch ich begann, die Bibelstunden und Gottesdienste zu besuchen. Irgend etwas hielt mich jedoch vom Gebet ab. Ich hatte keinen Frieden. Da war etwas, was ich dem Herrn nicht übergeben hatte – meinen Mangel an Vergebungsbereitschaft.

Ich pflegte zu beten: „Herr, rühre ihn an und verändere ihn." Doch ich war diejenige, die sich verändern mußte. Gott würde eingreifen, aber ich mußte meinen Teil tun. Durch sein Wort konnte ich ihn zu mir sagen hören: „Willst du geheilt werden? Willst du frei sein?"

Der Herr zeigte mir, daß ich vergeben mußte, wenn ich Vergebung bekommen wollte. Wenn ich um Erbarmen bat, mußte auch ich anderen gegenüber barmherzig sein. So sagte ich dem Herrn: „Ich empfinde das eigentlich nicht wirklich, aber ich will frei sein. Ich entscheide mich im Gehorsam und aus Liebe zu dir dafür zu vergeben. Bitte hilf mir."

Sofort versuchte der Teufel, mich zu belügen, indem er sagte: „Du wirst nie ein Christ sein; du wirst es nicht schaffen." Doch Gott diente mir auf vielerlei Weise, und so wies ich im Gebet diese Lüge zurück und sprach Vergebung aus.

Mir war klar, daß dies nur ein Anfang war. Ich mußte im Glauben aktiv Schritte tun. Ich begann damit, meinen Vater zu grüßen, wenn er nach Hause kam, und ihm etwas zu trinken anzubieten. Es war wirklich schwer! Ich hatte monatelang nicht mit ihm gesprochen. Ich backte ihm einen Kuchen und war nett zu ihm, während ich das Abendessen austeilte. Dies waren Kleinigkeiten, aber für mich waren es große Errungenschaften. Das Wichtigste jedoch fehlte noch. Ich hörte klar die Stimme des Heiligen Geistes: „Nun liebe ihn."

Ich muß zugeben, daß ich an dem Punkt dachte, mein Christenleben sei beendet. Es war etwas, was mir unmöglich erschien. In dem Augenblick zeigte mir Gott, wie sehr er mich liebte und wie sehr ich mich annehmen und mir selbst vergeben mußte, um andere lieben zu können.

Gott begann, durch sein Wort zu mir zu sprechen und mir zu sagen, daß er mich mit einer besonderen Absicht erwählt hatte, daß er mich schon kannte vor Grundlegung der Welt, daß er mich im Mutterleib geformt hatte. Er sagte mir auch, daß ich seine geliebte Tochter war, etwas ganz Besonderes für ihn und zutiefst geliebt.

All die Festungen, die der Feind über die Jahre aufgebaut hatte, fielen in sich zusammen, Stück für Stück, Lüge um Lüge.

Schließlich war ich fähig zu verstehen, durch die Liebe Christi, wie sehr mein Vater gelitten hatte und was er als Kind durchgemacht hatte. Nun konnte ich durch die Augen Jesu sehen und für meine Sünden Buße tun.

Schließlich wurden mein Vater und ich gute Freunde. Heute plaudern wir stundenlang, und bei jeder Begegnung umarmen und küssen wir uns. Nach meiner Entscheidung zu vergeben hatte ich Frieden; vorher konnte ich nicht schlafen, hatte emotionelle Probleme, Probleme in meiner Beziehung mit anderen Menschen sowie physische Probleme.

Ich bin dem Gott begegnet, der der „Wiederhersteller" und „Heiler" ist. Er heilt sogar die tiefsten Wunden der Seele, gibt uns eine neue Chance und stellt wieder her, was der Feind uns gestohlen hat."

Möchtest du nicht gerade jetzt Gott bitten, dich von aller Bitterkeit, allem Groll, all den Erinnerungen und Verletzungen der Vergangenheit zu heilen?

> *Herr, ich bekenne dir meine Bitterkeit. Dies ist, was mich bitter macht (Sag dem Herrn deine Bitterkeit). Mir ist klar, daß dir meine Gefühle nicht gefallen. Ich sage dem Haß ab, der mein Leben vergiftet und mich davon abhält, in dir zu wachsen. Ich sage dem Groll ab, der mich ergriffen hat, als ________________ (sei spezifisch). Ich sage der Bitterkeit ab. Im Gehorsam dir gegenüber werfe ich alle Bitterkeit aus meinem Herzen. Ich treibe sie aus in Jesu Namen.*
> *Herr, ich vergebe denen, die mich verletzt haben. Ich vergebe ________________ (nenne den Namen der Person, die dich verletzt hat). Ich segne ihn/sie im Namen Jesu. Herr, im Glauben empfange ich deine Heilung und die Fülle des Heiligen Geistes. Amen.*

Im Namen Jesu spreche ich nun Segen über dir aus und die Salbung der Wiederherstellung. Beginne ein Leben als neues Gefäß, gemäß dem Plan Gottes für dein Leben.

6. Verachtete Gefäße

> Ist denn dieser Mann … ein verachtetes Gefäß zum Zertrümmern oder ein Gerät, an dem niemand Gefallen hat? Warum wurden sie weggeschleudert, er und seine Nachkommen, und in ein Land geworfen, das sie nicht kannten? Jeremia 22,28

Zwei eindrückliche Bilder gebraucht der Heilige Geist, um uns auf harte, aber klare Weise über die Realität von Versagen im Leben eines Christen zu lehren. Ich bete, daß der Herr dir offenbaren möge, wie folgenschwer auch schon der Versuch ist, Gott zu hintergehen. Möge diese Offenbarung dir helfen, jene Dinge aufzugeben, die dich davon abhalten, überfließendes Leben zu genießen.

Ein verachtetes und zertrümmertes Gefäß: ein erfolgloser König

Das erste dieser Bilder findet sich im Buch Jeremia. Der Prophet gebraucht eine sehr harsche, jedoch realistische Sprache, als er über einen Mann spricht und ihn mit einem zertrümmerten und verachteten Gefäß vergleicht (Jer. 22,28). Wer ist dieser Mann? Einige Bibelübersetzungen nennen ihn Konja. Es war Jojachin, König von Juda, ein Mann vergleichbar mit einem zertrümmerten und verachteten Gefäß.

Jojachins Situation kann uns zur Erkenntnis oder Korrektur nützen, damit Gott unser Leben nicht als zertrümmertes und verachtetes Gefäß ansehen muß. Jojachin regierte nur drei Monate lang. In diesen neunzig Tagen schaffte er es, in den Augen des Herrn Böses zu tun (2. Kö. 24,9). Als

Resultat dessen verwarf ihn Gott und verdammte ihn zum Exil in Babylon, zusammen mit seiner einflußreichen Mutter Nehuschta (V. 8).

Als es seinen jungen König in der Wüste sah, stellte das Volk die Frage, die wir in Jeremia 22,28 finden. Sie konnten das traurige Schicksal ihres Königs nicht verstehen, der nun zusammen mit seinen Nachkommen als zertrümmertes und verachtetes Gefäß angesehen wurde.

Jeremia überhört ihre Frage und prophezeit dem Volk mit folgenden Worten:

> O Land, Land, Land, höre das Wort des Herrn! So spricht der Herr: „Schreibt diesen Mann auf als kinderlos, als einen Mann, dem nichts gelingt in seinen Tagen! Denn von seinen Nachkommen wird es nicht einem gelingen, auf dem Thron Davids zu sitzen und weiterhin über Juda zu herrschen." Jeremia 22,29-30

Gott befahl, die Strafe Jojachins in die Geschichte eingehen zu lassen. Seine Rebellion Gott gegenüber ließ seine Nachkommen alles Anrecht auf den Thron Davids verlieren. Weil er Gott den Rücken zukehrte, wurde er als zertrümmertes und verachtetes Gefäß angesehen. Und die Bibelstelle sagt uns sogar noch mehr: „Ein Mann, dem nichts gelingt in seinen Tagen." Eine andere Übersetzung lautet: „Sein Leben wird nichts wert sein" (NLT).

Die Geschichte Jojachins ist die Geschichte von Tausenden von Menschen, deren Leben Nieten sind. Alle Bücher der Welt würden nicht ausreichen, um die Leben dieser Art von Menschen zu schildern. Die Tragödie im Leben Jojachins ist, daß Gott ihn zum König erwählt hatte. Nur eine einzige Person in der ganzen Nation Israel hatte diese Möglichkeit. Dieser Mann, zum König bestimmt, endete in der Niederlage, und nicht nur er, sondern auch seine Nachkommen. Von Gott zum König berufen, endete er als Sklave in Babylon.

Die Bibel sagt, daß Jesus Christus „uns liebt und uns von unseren Sünden gewaschen hat in seinem Blut und uns gemacht hat zu einem Königtum, zu Priestern" (Offb. 5,8). Wie tragisch ist es, so viele Christen zu sehen, die durch das Blut Jesu Christi zu Königen gemacht worden sind und doch miserable Leben voller Niederlagen führen! Sie sind vom Töpfer als Gefäße zur Ehre geschaffen, führen jedoch zerrüttete Leben und enden als zertrümmerte und verachtete Gefäße! Berufen als Könige, leben sie wie Sklaven.

Ein verachtetes und zertrümmertes Gefäß: eine frustrierte Geburt

Es gibt nichts Schmerzhafteres im Leben einer Frau, als sich auf eine Geburt vorzubereiten und nicht zu wissen, daß das Kind im Mutterleib tot ist. Nicht nur das Baby ist gestorben – mit ihm auch alle Hoffnungen und Träume.

Die Bibel gebraucht diese schmerzhafte Erfahrung zur Illustration einer allgemeineren Frustration. Es ist die Frustration, die Männer und Frauen erleben, die niemals wirklich glücklich sind. Das Leben zieht an ihnen vorüber, und Glück und Frieden kommen nie. Das Gefühl, rundum glücklich zu sein, ist nur ein Traum für sie. So beschreibt es die Bibel:

> Wie eine Schwangere, die, dem Gebären nahe, sich windet, um Hilfe schreit in ihren Wehen, so sind wir, Herr, vor deinem Angesicht gewesen. Wir gingen schwanger, wir wanden uns. Doch es war, als ob wir Wind geboren hätten: Rettung verschafften wir dem Land nicht, und Bewohner der Welt wurden nicht geboren.
>
> Jesaja 16,17-18

Wie viele deiner Träume haben nur Wind geboren? Wie viele Wünsche, in deinem Herzen empfangen, endeten im Nichts? Es waren keine schlechten Träume, auch keine schädlichen Projekte, falschen Ambitionen oder unrechten Pläne. Doch sie schlugen fehl und waren nichts als Wind.

Wer möchte nicht ein solides, glückliches Heim? Wer möchte nicht erfüllt sein in seiner Karriere? Wer hat sich nicht eine erfolgreiche, sichere Zukunft vorgestellt, die einem alles gewährt, um gut leben zu können? Wer möchte nicht anerkannt sein, akzeptiert und respektiert? Wer sehnt sich nicht danach, zu lieben und geliebt zu werden? Ist daran irgend etwas falsch? Und doch ist es oft so, wie der Prophet sagte, daß *wir nur Wind geboren haben*.

Vielleicht fühlst du dich im Rückblick auf dein Leben genau wie eine Frau, die empfangen und Wehen durchgemacht, aber nur Wind geboren hat. Mit jedem neuen Fehlschlag verringert sich die Chance, glücklich zu werden, und dein Herz füllt sich mit Bitterkeit.

Wenn dies deine Situation ist, dann gibt es Hoffnung für dich. Dies ist nicht einfach nur stumpfsinniger Optimismus oder ein Versuch, dir einen positiven Gedanken weiterzugeben, damit du nicht entmutigt wirst. Ganz im Gegenteil, diese Hoffnung kann Realität werden – und zwar heute. Doch du wirst zwei grundlegende Korrekturen vornehmen müssen.

Verändere dein Fundament

Der Großteil unseres Versagens kommt daher, daß wir auf der falschen Grundlage aufbauen. Wenn die Resultate unserer Pläne schlecht sind, dann deshalb, weil der Ausgangspunkt falsch ist – unsere Fundamente sind nicht korrekt, und unsere grundlegende Vorstellung ist nicht akkurat. Egal was unser fehlgeschlagener Traum sein mag, das Fundament, auf das wir bauen wollten, war das Vertrauen auf uns selbst anstatt auf Gott.

Der Geschäftsmann, der sein Geschäft mit grauen Deals beginnt und entgegen den Wegen Gottes handelt, mag Erfolg haben, aber das Endresultat ist klar. Er wird versagen, weil seine Rückendeckung von Satan kommt, und dafür wird er zur Rechenschaft gezogen werden.

Jeder, der eine erfolgreiche und sichere Zukunft sucht, ohne Gott zu befragen, und sich nur auf seine eigene Intelligenz, Fähigkeit und Stärke verläßt, wird Resultate erlangen, doch ein allumfassendes Wohlbefinden wird in seinem Leben fehlen. Der junge Mensch, der eine Beziehung unter falschen Voraussetzungen beginnt (unter ungleichem Joch, mit ungenügendem Wissen über die andere Person, oder nur aufgrund von physischer, emotioneller oder geistlicher Anziehungskraft) und nicht nach der Bestätigung Gottes sucht, setzt sich selbst nur Schmerz, Elend, Tränen und dem Gebären von Wind aus.

Viele Christen wissen, daß ihre Entscheidungen nicht in Übereinstimmung mit Gottes Willen sind, und flirten dennoch mit Satan. Wer das tut, sollte Schmerz erwarten und ein Gebären von Wind. Was ist Gottes Position in deinen Entscheidungen, Beziehungen und Aktivitäten? Immer, wenn Gott nicht einbezogen wird, ernten wir nichts als Versagen. Wir gebären Wind. Wir werden zu zertrümmerten und verachteten Gefäßen.

Deshalb drängt uns der Prophet, unsere Fundamente zu ändern. Er ruft uns auf, unser Vertrauen nicht in unsere eigene Stärke, Fähigkeit, Intuition und Unterscheidungsvermögen zu setzen, sondern Gott zu vertrauen: „Vertraut auf den Herrn für immer! Denn in Jah, dem Herrn, ist ein Fels der Ewigkeiten“ (Jes. 26,4). Wenn Gott unsere Grundlage ist, werden wir uns nicht fürchten. Er ist unsere ewige Zuflucht. Er ist der Fels der Ewigkeiten. Wir können allen möglichen Arten von Feinden begegnen – Umständen, die gegen unsere Träume arbeiten und unsere gott-gegebenen Träume zu frustrieren suchen, die niederzumachen suchen, was Gott in unseren persönlichen Beziehungen tut. Doch wenn unser Leben auf das richtige Fundament gebaut ist, auf Gott, können weder die Umstände noch unsere Feinde bestehen, weil Gott unsere ewige Zuflucht ist. Er ist der Fels der Ewigkeiten.

Du kannst Jesus vertrauen. Satan, mit all seiner Macht, konnte ihn nicht besiegen. Er versuchte ihn, genoß sein Leiden, seine Kreuzigung und sein Begräbnis. Er sang Siegeslieder und begann doch zu zittern, als er sah, daß der Stein, der das Grab verschloß, sich bewegt hatte. Er stand wie versteinert vor dem offenen Grab. Er fiel zu Boden, besiegt in der Auferstehung Jesu. Es gibt keinen Feind, der gegen ihn bestehen kann. Er ist unsere ewige Zuflucht. Deshalb mußt du ihm vertrauen bis ans Ende aller Zeit. Immer, in allen Dingen, dem Herrn vertrauen. Er will eine neue Lebensgeschichte für dich schreiben.

Ändere deine Ausrichtung

Oft schlagen unsere Träume, Wünsche und Ambitionen fehl, weil wir ihnen erlauben, „Herren" unseres Lebens zu werden.

Viele, die nach finanziellem Erfolg streben, sind nicht nur von Bedürftigkeit motiviert. Sie haben Geld zu ihrem Gott werden lassen. Wenn wir nach einem Partner suchen und dieses Bedürfnis zu einem Götzen werden lassen, wird unser Glück oder Unglück davon abhängen, ob wir Erfolg haben und diese Person finden. Was auch immer unser Glücksgefühl ausmacht, wird schließlich zu unserem Gott werden. Wer Anerkennung oder Akzeptanz sucht, und wessen Glück oder Unglück vom Erreichen dieses Ziels abhängt, hat das zu seinem Gott gemacht.

Wenn wir uns bewußt oder unbewußt von anderen Göttern beherrschen lassen, wie Geld, Familie, Partner, Status oder Beruf, dann haben wir den einzig wahren Gott von seinem Platz verdrängt. Als Konsequenz können wir nur Versagen erwarten.

Der Prophet sagte: „Herr, unser Gott, über uns haben außer dir andere Herren geherrscht" (Jes. 26,13).

Wenn wir nicht weiterhin Wind gebären wollen, muß Jesus allein unser Herr sein. Seine Herrschaft muß von bloßer Theorie zur Praxis werden. Vielleicht sagst du mit dem Propheten: „Andere Herren haben mein

Leben beherrscht," aber jetzt „sind sie tot; sie leben nicht länger; diese entwichenen Geister werden nicht auferstehen. Wir erkennen allein Dich, Gott, als einzigen Herrn an."

Jetzt ist die Zeit zur Buße. Der Heilige Geist haucht seine heiligende Salbung über seine Gemeinde. Wir beten einen eifersüchtigen Gott an. Jetzt ist die Zeit, unseren anderen Göttern abzusagen, und zwar ein für allemal. Kreuzige sie; setze Jesus Christus in den Mittelpunkt, an die erste Stelle, setze ihn auf den Thron deines Lebens.

Was wird bei all dem herauskommen? Der Prophet sagt: „Herr, du wirst uns Frieden geben, denn du hast ja alle unsere Werke für uns vollbracht" (Jes. 26,12). Wenn Jesus unser Herr ist, können wir erwarten, daß er eine neue Realität zum Leben bringt und nicht Wind. Er gibt unseren Träumen und unseren Werken Leben. In ihm finden wir Sieg, denn er ist der Fels der Ewigkeiten.

Im Alter von achtzehn Jahren war Versagen das Kennzeichen Jojachins. Gott hatte ihn zum König berufen, doch er endete als Sklave. Wie Tausende von Menschen auf der Welt die ganze Menschheitsgeschichte hindurch hatte er das Gefühl, Wind geboren zu haben. Ist das alles im Leben? Wenn der Töpfer an uns denkt, ist er dann damit zufrieden, uns als zertrümmerte und verachtete Gefäße zu sehen, als alte Gefäße, die keiner will? Natürlich nicht! Er hat noch immer sein ursprüngliches Design im Kopf. Niemand kann ihn abbringen von den Plänen, die er für uns hat.

Er ist bereit, Hand an dich zu legen, um dich wieder neu zu formen. Doch du mußt deine Grundlage und Ausrichtung ändern. Mache dich von ihm abhängig, und tue alles zu seiner Ehre. Der Töpfer ist bereit, seine Arbeit an dir zu beginnen. Laß ihn nicht warten!

7. Unreine Gefäße

> Und jedes offene Gefäß, auf dem kein festgebundener Deckel ist, wird unrein sein. 4. Mose 19,15

In musikalischer, aber klarer Sprache drückte einmal jemand aus, was geschieht, wenn wir sündigen: „In der ewigen Harmonie ist die Sünde eine Dissonanz.“ Wenn wir beim biblischen Bild des Töpfers bleiben, erkennen wir, daß Gottes Werk ruiniert wird, wenn wir sündigen. Laß uns die gefährlichen Konsequenzen der Sünde ansehen.

Im 3. Buch Mose beleuchtet das Wort Gottes dieses Thema durch das Gesetz im Falle von Aussatz. Aussatz ist ein Symbol für Sünde. Es gibt da interessante Parallelen, die wir genauer betrachten werden. Sünde, genau wie Aussatz, mag klein anfangen, doch sie wächst und zerstört unser ganzes Leben. Sünde, genau wie Aussatz, ist höchst ansteckend. Aussatz desensibilisiert die Person in einem solchen Ausmaß, daß der Aussätzige in dem betroffenen Bereich keinerlei Gefühl mehr hat. Ebenso können wir, wenn wir Sünde in unserem Leben zulassen, unser Gewissen desensibilisieren und keinerlei Trauer darüber empfinden, Gott so zu verletzen.

Du magst fragen: „Pastor Claudio, warum sagst du mir das?“ Weil ich dich im Herrn liebe, werde ich dir gegenüber ganz aufrichtig sein. Wenn du sündigst, wird die Gegenwart Gottes sich nicht in deinem Leben manifestieren. Wenn du irgend einer Art von geistlicher Verunreinigung die Tür öffnest, wird das die kostbare Gemeinschaft mit dem Heiligen Geist wegnehmen. Deshalb möchte ich, daß du verstehst, wie Sünde wirkt und was ihre Konsequenzen sind. Ich möchte, daß du genau auf den Ruf Gottes zu einem Leben der Heiligkeit eingehst.

Unreine Gefäße sind offene Gefäße

Wenn wir unseren Behälter offenlassen, wird er verunreinigt und verschmutzt. In der Bibelstelle zu Beginn dieses Kapitels heißt es ganz spezifisch, daß der Behälter fest verschlossen werden muß. Wird er das nicht, wird der Behälter verunreinigt und verschmutzt.

Unser Leben als Christ muß verschlossen sein gegen *Satans Angriffe*, gegen die *Anregungen der Welt*, entgegen dem Willen Gottes zu leben, und gegen die *Lust unseres eigenen Fleisches*. Wenn wir Gottes Warnung nicht ernst nehmen und unsere Gefäße offenlassen, sind wir den Angriffen des Feindes ausgesetzt. Der Teufel ist wie ein brüllender Löwe, der sucht, wen er verschlingen kann. Das Gedankengut dieser Welt mit seinem Einfluß und seiner Lebensphilosophie dringt in unser Leben ein und macht uns dieser verschmutzten Welt gleich. Unser Fleisch verlangt, befriedigt zu werden, und erstickt und unterdrückt so das Wirken des Heiligen Geistes.

Paulus ermahnt uns: „Gebt dem Teufel keinen Raum" (Eph. 4,27). Das heißt, *schließe den Deckel ganz fest*. Laß keinerlei Raum für Verunreinigung. Hab nicht dieses Flair von Selbstgefälligkeit, sondern sei wachsam und achte genau darauf, dein Gefäß gut zu verschließen. „Daher, wer zu stehen meint, sehe zu, daß er nicht falle!" (1. Kor. 10,12)

Unreine Gefäße unterbrechen unsere Gemeinschaft

Das Kapitel 59 aus dem Buch Jesaja wird uns helfen, die Konsequenzen von Sünde in unserem Leben besser zu verstehen.

Sünde ist ein Akt der Rebellion gegen Gott: „Brechen mit dem Herrn und ihn verleugnen und zurückweichen von unserem Gott" (V. 13). Sünde hält uns davon ab, Gottes Autorität über uns zu akzeptieren, und hält ihn davon ab, Herr unseres Lebens zu sein. Die Sünde von Adam und Eva war ihr Verlangen, wie Gott zu sein. Sie wollten nicht, daß er weiterhin über sie herrschen und sie führen sollte wie bisher. Anstatt voll seine Gemeinschaft und die Freude der Herrschaft Gottes über ihr Leben zu genießen, entschieden sie sich, den Herrn aus ihren Herzen zu entfernen und Gottes Platz einzunehmen.

Wir halten täglich Gott davon ab, unser Leben ganz zu regieren. Wir wissen, er ist unser Töpfer und Schöpfer, doch wir erlauben ihm nicht, sein Werk in uns zu tun. Wir ordnen uns nicht seiner Herrschaft unter. Statt dessen erheben wir Anspruch darauf, Eigentümer unseres Lebens zu sein. Die Bibel nennt das Sünde, weil wir die Entscheidung getroffen haben, Gott aus dem Zentrum zu entfernen. In unserer Rebellion haben wir selbst diesen Platz eingenommen.

Die Bibel lehrt uns, daß Gott einen Bund mit seinen Kindern geschlossen hat. Er verheißt seine Fürsorge, seinen Segen, seine Rettung, seine Hilfe und seinen Schutz für uns. Der Mensch seinerseits muß gemäß den von Gott gegebenen Regeln leben. Diese Vorschriften sind nicht willkürlich oder beliebig, sondern zu unserem Besten. Wenn wir ihnen nicht gehorchen, zerstören wir letztendlich uns selbst.

Die Bibel vergleicht unsere Beziehung zu Gott mit einer Ehe. Wir sind die Braut Christi. Jedes Mal, wenn wir seine Gesetze übertreten, sind wir Gott untreu. Jakobus 4,4-5 sagt ganz klar: „Ihr Ehebrecherinnen, wißt ihr nicht, daß die Freundschaft der Welt Feindschaft gegen Gott ist? … Oder meint ihr, daß die Schrift vergeblich rede: ‚Ein eifersüchtiges Sehnen hat der Geist, den er in uns wohnen ließ?'" In Gottes Augen ist Sünde ein Akt des Ehebruches und Untreue seinem Heiligen Geist gegenüber.

Doch es gibt sogar etwas noch Schlimmeres: Wir weigern uns auch, ein Heilmittel anzunehmen, das die Sünde aus unserem Leben ausrotten würde. Gott stellt einen Weg aus der Sünde der Rebellion und Untreue zur Verfügung, doch manchmal lehnen wir ihn ab, anstatt ihn anzunehmen.

Sünde ist ein Akt der Rebellion und Untreue, der schlimmer wird, wenn wir Gottes Lösung in der Errettung Christi ablehnen. Sünde trennt uns von Gott. Wie der Prophet Jesaja sagt: „Eure Vergehen sind es, die eine Scheidung gemacht haben zwischen euch und eurem Gott" (Jes. 59,2). Seine Heiligkeit ist vollkommen und vollständig. Seine Heiligkeit toleriert keine Sünde. Sünde ist eine Barriere, die Gott davon abhält, enge Gemeinschaft mit uns zu haben, und die uns der Freude und Harmonie in unserem Herzen beraubt.

Ganz egal wieviel Glauben du hast, wenn du nicht Buße getan hast über deine Sünden – deine Rebellion und Untreue – wird er nicht ausreichen, um ein siegreiches Christenleben zu führen. Sünde unterbricht deine Gemeinschaft mit Gott und muß ausgerottet werden.

Viele Leute kommen zu mir und sagen: „Warum hört Gott mich nicht?" Jesaja selbst antwortet mit den Worten: „Sondern eure Vergehen sind es, die eine Scheidung gemacht haben zwischen euch und eurem Gott, und eure Sünden haben sein Angesicht vor euch verhüllt, daß er nicht hört" (Jes. 59,2). Buße ist nicht eine Möglichkeit unter vielen; sie ist unerläßlich, nicht nur, um unsere Beziehung zu Gott wiederherzustellen (wie an dem Tag, als wir Jesus Christus in unser Herz aufnahmen), sondern auch, um uns täglich zu reinigen, so daß wir eine vollkommene Gemeinschaft mit Ihm aufrechterhalten können. Wenn wir die Sünde aufgeben und uns völlig Jesus hingeben, wird die Barriere der Trennung niedergerissen.

Unreine Gefäße zerstören Gottes Plan

Sünde hindert uns auch daran, wahre Erfüllung im Leben zu erlangen. Wir sind nicht glücklich; wir füllen nicht die Leere in uns aus und erreichen auch keine wahre Verwirklichung unseres Lebens, weil wir uns entschieden haben, von Gott getrennt zu leben.

In Christus haben wir alles, was wir brauchen, und doch können wir aufgrund unseres Ungehorsams Gottes ewigen Plan nicht erfüllen. Der Töpfer hat dein Leben entworfen und dich geschaffen als Gefäß voller Glück, Friede, Gesundheit, Vergebung und Licht für andere. Doch wenn wir nicht dem Künstler erlauben, unser Leben frei zu gestalten, werden diese Ideale, die Gott im Sinn hatte, als er uns erschuf, nie erreicht werden.

Einige Menschen versuchen, Freude in Dingen wie Geld oder Macht zu finden, erkennen jedoch bald, daß Glück nicht erkauft werden kann. Sie suchen danach in gewissen Aktivitäten, doch alles, was sie erreichen, ist Müdigkeit und Unzufriedenheit. Sie suchen danach im Lärm, aber wenn die Stille kommt, wenn die Lichter und Töne ausgeschaltet werden, erkennen sie, wie unglücklich sie sind. Einige suchen nach Glück in außerehelichem Sex, werden jedoch bald gelangweilt von etwas, das Gott geschaffen hat, um im richtigen Kontext genossen zu werden. Sie suchen danach, indem sie die Frauen wechseln wie andere Leute die Krawatten oder Gürtel, doch sie sind immer noch unglücklich.

Verlust von Frieden ist eine weitere Konsequenz unserer Trennung von Gott. Wir können nicht den Frieden genießen, den Jesus uns gibt. Jesaja 59,8 sagt: „Den Weg des Friedens kennen sie nicht, und kein Recht ist in ihren Spuren. Ihre Pfade machen sie sich krumm: jeder, der sie betritt, kennt keinen Frieden."

Das ist der Grund, warum so viele Christen in Qualen leben und sich nach Frieden sehnen. Nicht nach dem Frieden, der von äußerlichen Umständen abhängig ist, sondern dem Frieden, der im Kern unseres Wesens liegt und für immer dort bleiben wird. Andere leben versklavt unter ihren Ängsten, und obwohl sie überall danach suchen, können sie einfach keinen Frieden finden. Jesus Christus ist der einzige, der uns mit dem wahren Frieden erfüllen kann, wenn wir ihm erlauben, in uns zu herrschen.

Die folgende Geschichte erzählt von einer jungen Frau, die so verbittert war, daß sie sich in ein sündiges Leben stürzte. Ihre Geschichte lehrt uns zwei Dinge. Erstens zeigt sie uns die schrecklichen Konsequenzen der Sünde. Zweitens offenbart sie Gottes herrliche und riesige Liebe zu uns:

„Ich schaltete jedes Gefühl für Gott und meine Mitmenschen ab. Ich wurde religiös und praktizierte Christentum in Theorie. Drei Jahre Auf und Ab in meiner Beziehung zu Gott gingen ins Land. Einige Monate später traf ich einen Mann, der drogenabhängig gewesen war. Er wurde bald mein Freund. Sowohl die Leiter in der Gemeinde wie auch meine Eltern waren gegen diese Beziehung, doch Tag für Tag ging ich weiter auf meinen Ruin zu.

Diese Beziehung war durchdrungen von Lügen, Streit, Beleidigungen und Meinungsverschiedenheiten. Gefangen in seiner Sucht, verließ mich mein Freund kurz vor unserer Hochzeit. Ich war so verrückt zu denken, durch eine Heirat mit ihm könnte ich dem Haß meines Vaters mir gegenüber entgehen. Dieser junge Mann zog in einen anderen Bundesstaat, und ich verfiel in eine schreckliche Depression. Ich empfand einen unkontrollierbaren Haß gegen meinen Vater. Er stellte sich gegen alles, was ich tat. Mir war klar, daß ich viele Fehler gemacht und meine Familie viele Male enttäuscht hatte, doch ich fühlte mich wie gequält, weil mein Vater mir nicht vergeben konnte.

Eines frühen Morgens, in einem Gefühl der Verlassenheit, entschloß ich mich, von zu Hause wegzulaufen, ohne jemandem etwas zu sagen – ich hinterließ nur einen Brief. Ich empfand Zorn in meinem Herzen gegen meine Eltern und gegen Gott. Ich nahm all meine Besitztümer mit und hatte vor, nie wieder zurückzukommen. Ich ging mit der Absicht, Freunde, einen Mann, eine Arbeitsstelle zu finden … Doch ich fand nur Lügen, Einsamkeit, Hunger, Mangel an Verständnis, Schuldgefühle, Enttäuschung und andere schreckliche Gefühle. Ich begann, Alkohol zu trinken und Marihuana zu rauchen und stürzte mich in endlose Liebesbeziehungen und enttäuschende Freundschaften.

Bald war mein Leben zerstört. Ich wurde magersüchtig und verlor zehn Kilo in weniger als einem Monat.

In einigen Nächten erwägte ich Selbstmord, mich unter einen Zug zu werfen, oder eine Überdosis Tabletten oder Drogen zu nehmen. Doch trotz alledem konnte ich die Gegenwart Gottes spüren, die mir überallhin folgte, wohin ich auch ging. Er ließ mich einfach nie allein. Ich konnte seine Beharrlichkeit nicht verstehen, da ich ihn ja offen abgewiesen hatte.

Eines Tages war ich einfach meiner Depression und meiner Unfähigkeit, einen Job oder eine Wohnung zu finden, müde geworden. Ich konnte die Einsamkeit nicht länger ertragen, da ich daran gewohnt war, mit meiner Familie zu leben, wie schlimm das auch gewesen war. Als ich am Versinken in Zorn, Schmerz und „Hunger" nach Liebe und Annahme war, rief ich zu Hause an. Ich erwartete Geschrei und Vorwürfe, doch statt dessen hörte ich meine Mutter mich anflehen, doch nach Hause zu kommen, sie hätten mir vergeben. So ging ich also.

Doch zu Hause ging ich nicht in die Gemeinde und gab auch bald die psychologische Behandlung auf, die ich bekam. Ich entschied mich, Gott vollkommen aus meinem Leben auszuschließen und meinen Vater auf ewig aus meinem Herzen zu entfernen. Meine Eltern fühlten sich moralisch, sozial und geistlich verletzt. Immer wieder sagten sie: „Möge Gottes Wille in deinem Leben geschehen." Bedroht von meinen Zornanfällen und meinem Verlangen, wieder wegzulaufen oder sogar mich umzubringen, erlaubten sie mir zu sündigen und mit den falschen Leuten Kontakt zu haben.

Mein Vater begann, mich verbal zu strafen. Sein Zorn war schrecklich und in gewisser Weise gegenseitig. Meine Gefühle ihm gegenüber waren entsetzlich, und doch verbarg ich sie und täuschte meine Eltern, um einige Privilegien zu Hause genießen zu können.

Eines Tages überlegte ich mir, meinen Vater mit einer Waffe zu töten, die er im Haus versteckt hatte. Ich wußte, wo sie war, und so nahm ich die Waffe und liebkoste sie. Ich wollte es tun, ohne viel darüber nachzudenken, doch dann legte ich sie schnell wieder weg. Tausende von Ereignissen und unzählige sündige Erfahrungen füllten meine Tage. Ich verstrickte mich in kriminelle Aktivitäten. Es war 1996, und ich hatte begonnen, eine Schule zu besuchen, nur um zu beweisen, daß ich auch darin nicht gut war. Ich sündigte mehr und immer mehr auf nächtlichen Parties, in ungebärdigen Leidenschaften, Süchten und unglücklichen Liebesaffairen. In jeder Situation tat ich, was auch immer ich wollte – aber nicht zu Hause. Die Regeln und Begrenzungen meines Vaters hatten mich in die Ecke getrieben.

Ich ging in ein Fitnessstudio, das einem jungen Mann von der Gemeinde „König der Könige“ gehörte. Dort sah ich sie über Gott reden und christliche Musik hören. Anstatt wegzulaufen, fühlte ich mich von irgend etwas dort angezogen, und ich begann, mich um meinen körperlichen und geistlichen Zustand zu sorgen. Mir wurde meine eigene menschliche Misere bewußt, die verborgenen Dinge in meinem Leben. Eines Nachmittags betete ich mit jenen Geschwistern und bat den Herrn um Versöhnung, obwohl ich bezweifelte, daß ich ihn jemals wirklich würde lieben können. Ich fühlte überhaupt nichts mehr für ihn.

Doch von dem Moment an begann Gott mich direkt zu verfolgen. Er war mit mir zu jeder Zeit. Sogar während ich sündigte, war er da. Ich konnte seine Stimme in mein Gewissen reden hören, daß ich nicht länger zu dieser Welt gehöre. Er sagte mir, daß ich sein sei, und daß ich nie aufgehört hatte, ihm zu gehören, obwohl ichihn so oft abgelehnt hatte. All diese Gefühle quälten mich, und in meinem Geist stritt ich mit ihm. Er lockte mich mit seinem Mitgefühl und seiner Liebe, und ich hatte nicht länger die Kraft, dagegen anzukämpfen.

Müde dieses ständigen Kampfes mit Gott in meinen Gedanken, müde der Streitereien mit meinen Eltern, gab ich mich der Gegenwart Gottes in meinem Zimmer hin. Allein, nur er und ich, obwohl ich ihn nicht sehen oder berühren konnte, wußte ich doch, er war da. An dem Abend brachten wir alles in Ordnung, all die persönlichen Fragen meiner Beziehung zu ihm. Ich konnte viel weinen und seinen Trost und seine Vergebung empfangen. Ich fühlte mich zutiefst gereinigt von all den falschen Gefühlen in mir. Ich wußte, daß soeben eine sehr enge Freundschaft mit dem Herrn begonnen hatte.

Einige Monate vergingen. Obwohl ich weiter sündigte, spürte ich Gottes Gegenwart und seine reine, saubere Liebe, anders als jede Art der oberflächlichen Liebe, die ich je kennengelernt hatte. Nachdem ich das Buch von Pastor Claudio Freidzon „Heiliger Geist, ich habe Hunger nach Dir“ gelesen hatte, hatte ich ein wunderbares Erlebnis mit Gott. Ich konnte glauben, daß sein Blut mich gereinigt hatte, und ich wußte, ich würde nie wieder dieselbe sein. Ich konnte seiner gewaltigen Liebe nicht länger widerstehen. Seine Liebe war stärker als all meine Schuldgefühle und meine Ängste.

Der Heilige Geist brach unüberwindliche geistliche und psychologische Festungen, die jahrelang in mir gewesen waren. Ich empfand eine besondere Art von Liebe für meinen Vater. Nie zuvor hatte ich ihn so geliebt, und ich konnte kaum den nächsten Tag erwarten, wo ich ihm würde sagen können, wie sehr ich ihn liebte. Eine wunderbare Wiederherstellung nahm ihren Anfang.

Eines Abends, während ich irgendeine kleine Aufgabe erledigte, begann ich zu weinen. Es machte keinerlei Sinn, aber plötzlich war ich erfüllt mit der Liebe und Vergebung Gottes. Weinend ging ich auf meinen Vater zu und fragte ihn, ob wir reden könnten. Ich bat ihn um Vergebung für all den Haß, den ich all die Jahre über für ihn empfunden hatte. Auch er bat mich um Vergebung dafür, daß er nicht richtig mit mir umzugehen gewußt hatte. Wir sprachen im vollen Frieden und bekannten all die Verletzungen, die wir einander zugefügt hatten. Wir kamen überein, die Vater-Tochter-Beziehung zu fördern, die in dieser Nacht begonnen hatte. Wir beteten zusammen und baten Gott, uns beide zu lehren, trotz unserer Fehler freundlich und respektvoll miteinander umzugehen.

Ich besuche jetzt die Gemeinde „König der Könige" im Stadtteil Belgrano von Buenos Aires und auch die Jüngerschaftsgruppen. Ich fühle mich von meinen Geschwistern im Glauben geliebt und respektiert. Nun kann ich verstehen, daß dies viel mehr ist als eine Religion; es ist eine tiefe Liebesbeziehung mit täglicher Hingabe. Jeden Tag entscheide ich mich, ihn mehr zu lieben, und das hilft mir, meinen Vater trotz all seiner Fehler zu lieben. Gott hat ein neues Werk in mir begonnen und wird auch treu sein, es zu vollenden. Ich glaube, er wird mein Leben als Gefäß gebrauchen, um zu denen zu sprechen, die voller Schmerz sind, die Gottes wahre Liebe und sein Mitgefühl brauchen für ihre Leben, die zerbrochen und zerrissen sind von den Umständen des Lebens."

Was für einen guten und barmherzigen Gott wir doch haben! Es ist wunderbar, diese junge Frau heute zu sehen, so voller Liebe und Reinheit Christi.

Unreine Gefäße

Laß uns einen Blick auf einige weitere Konsequenzen der Sünde werfen. Jesaja 59,10 sagt: „Wir sind unter Gesunden den Toten gleich." Wie viele Christen sind ständig krank? Sie gehen zu ihrem Arzt, und der sagt ihnen, alles sei in Ordnung. Und doch fühlen sie sich krank. Der Psalmist drückt das so aus: „Als ich schwieg, zerfielen meine Gebeine durch mein Gestöhn den ganzen Tag."

Eine andere Konsequenz ist *Schuldgefühl: Unsere Sünden klagen uns an*. Dies sind Christen, deren Gewissen und Schuldgefühle ihnen den Frieden rauben. Sie werden gequält vom Teufel, dem Ankläger. Sie haben die Kraft, die Jesus von den Toten auferweckt hat, aber sie liegt im Schlummerzustand, in Gefangenschaft, wegen ihrer Sünde.

Eine weitere Konsequenz, die Christen erleiden, wenn sie Gott den Rücken zuwenden, ist, daß sie *in Finsternis wandeln*. „Wir hoffen auf Licht, und siehe, da ist Finsternis, auf Lichtglanz, aber in dichtem Dunkel gehen wir umher. Wir tappen herum wie Blinde an der Wand und wie die, die keine Augen haben, tappen wir herum. Wir stürzen am Mittag wie in der Dämmerung" (Jes. 59,9-10). Der Christ, der das Licht kennt und sich doch entscheidet, außerhalb des Willens Gottes zu wandeln, wird so wandeln. Er ist wie ein Blinder. Gott kann ihn nicht gebrauchen, anderen zu dienen und sie zu segnen, denn das wäre wie in der Geschichte von der blinden Frau, die am Straßenrand steht und auf jemanden wartet, der ihr über die Straße hilft. Plötzlich kam ein Mann vorbei und sagte: „Darf ich mit Ihnen zur anderen Straßenseite gehen?"

„Oh ja, sehr gern," antwortete sie. Er nahm ihre Hand, und sie begannen die Straße zu überqueren. Etwa auf halbem Weg stolperte er. So sagte die Frau: „Was ist denn los? Sie laufen ja wie ein Blinder."

„Ich bin blind," antwortete er. „Aus diesem Grund habe ich Sie ja gefragt, ob wir zusammen die Straße überqueren können."

Gott ist nicht nur ärgerlich über unsere Sünde, es bereitet ihm auch Mißfallen, daß wir nicht ganz im überfließenden Leben leben, das er für uns bereitet hat und das Jesus am Kreuz für uns erkauft hat. Jesaja 59,16 sagt: „Er sah, daß kein Mann da war, und er wunderte sich, daß es keinen gab, der Fürbitte tat. Da half ihm sein Arm, und seine Gerechtigkeit, sie unterstützte ihn." Er hat den Erlöser gesandt, den Befreier, um einen Bund mit denen zu schließen, die Buße tun. Wir müssen Buße tun und Vergebung empfangen. Der Apostel Johannes lehrt uns: „Wenn wir sagen, daß wir Gemeinschaft mit ihm haben, und wandeln in der Finsternis, lügen wir und tun nicht die Wahrheit" (1. Joh. 1,6). Wir müssen wieder zu unserer innigen und täglichen Gemeinschaft mit ihm zurückkommen.

Wenn wir sündigen, hören wir nicht auf, Kinder Gottes zu sein, aber unsere Gemeinschaft mit ihm ist unterbrochen. Das Gewissen ist nun getrübt. Und wenn unser Gewissen unrein ist, ist unsere Gemeinschaft mit ihm gebrochen.

Unreine Gefäße werden zerbrochen

Was geschieht, wenn wir dieselben Sünden ständig wiederholen und widerspenstig Gottes Willen den Rücken kehren?

Die Zeit kommt, wo Gott seine Züchtigung bringt. David erlebte das, nachdem er mit Bathseba gesündigt hatte. Gottes Züchtigung fiel auf ihn: „Denn Tag und Nacht lastete auf mir deine Hand; verwandelt wurde mein Saft in Sommergluten" (Ps. 32,4).

Wenn wir aufrichtig unsere Sünden bekennen, werden wir Vergebung erlangen, und unsere Gemeinschaft mit Gott wird augenblicklich wiederhergestellt. Jedoch mag Gott seinen Umgang mit uns ändern und uns zu unserem Nutzen züchtigen. Wird die Züchtigung angenommen, dann erfüllt sie ihre Aufgabe, und die Korrektur wird empfangen. Gott hebt dann die Strafe auf. Doch das kann lange dauern.

Das 3. Buch Mose sagt: „Und jedes irdene Gefäß, in das eines von ihnen hineinfällt: alles, was darin ist, wird unrein sein, und das Gefäß sollt ihr zerbrechen" (3. Mo. 11,33). Seine Hand ist schwer und hart, und doch liebevoll. Wenn seine Hand disziplinierend auf uns fällt, geschieht Zerbruch. Das Gefäß zerbricht. Der Autor des Hebräerbriefes schreibt realitätsgetreu: „Alle Züchtigung scheint uns zwar für die Gegenwart nicht Freude, sondern Traurigkeit zu sein; nachher aber gibt sie denen, die durch sie geübt sind, die friedsame Frucht der Gerechtigkeit" (Heb. 12,11).

Wenn wir mit aufrichtigem Herzen jede Sünde bekennen, die wir begehen, werden wir Vergebung erlangen. Die Gemeinschaft wird augenblicklich wiederhergestellt, und dennoch kann es sein, daß wir eine Zeit der Züchtigung durchmachen müssen. Daher müssen wir gleich von Anfang unseres Christenlebens an Gott ernsthaft gehorchen, damit er uns nicht züchtigen muß.

Bedecke dein Leben und schließe den Deckel so fest, daß der Teufel keinerlei Eingang findet. Dann wird Gott dich nicht züchtigen müssen. Wenn du Züchtigung durchmachst und dich fühlst wie ein zerbrochenes Gefäß, kehre um zu Gott in aller Demut und akzeptiere die Art, wie er mit dir umgeht. Zur rechten Zeit wird der Töpfer dich wiederherstellen und dir eine neue Chance geben. Gott wird dich zu einem neuen Gefäß machen, seinem vollkommenen Design gemäß.

8. Rebellische Gefäße

> Oh eure Verkehrtheit! Soll denn der Töpfer dem Ton gleichgeachtet werden? – daß das Werk von seinem Meister sagt: Er hat mich nicht gemacht! – und ein Gebilde von seinem Bildner sagt: Er versteht nichts?
> Jesaja 29,16

Gott sprach durch den Propheten Jesaja zu einem rebellischen und stolzen Volk, um ihnen die Arroganz, Blindheit und Heuchelei zu zeigen, die unter ihnen herrschte. Doch das Volk, anstatt seine Situation zu erkennen, wurde nur noch stolzer und hielt sich für weise und voller Erkenntnis. So mußte Gott sie schelten und ihnen sagen, egal wie gelehrt und weise sie seien, aufgrund ihrer Verderbtheit und ihres Stolzes seien sie nichts als Ton. Er zeigte, wie sie sich durch ihre Rebellion gegen ihren Schöpfer selbst zu Narren machten. Es war wirklich eine lächerliche und groteske Haltung.

Auch heute bringt uns Stolz in eine ähnliche Situation. Wann immer wir sündigen, neigen wir dazu, jemandem oder etwas anderem dafür die Schuld zu geben. Wenn es nicht unsere Schwiegermutter ist, dann unsere Frau, unsere Kinder, unsere Umstände, das Land, der Pastor, der Präsident, Satan oder sonst jemand. Auf diese Weise schieben wir unsere Verantwortung auf andere. Wir alle tun das gern.

Einige Zeit später merken wir, daß es zu einem Teufelskreis wird, zu einem Boomerang, der schließlich uns selbst trifft. Wir schaffen eine Umgebung, in der niemand die Verantwortung für seine Fehler übernimmt und jeder ständig anderen die Schuld gibt. Und so wird schließlich uns die Schuld gegeben für die Fehler anderer.

Elia diente als Prophet während der Regierungszeit des Königs Ahab. Ahab war der König, der laut der Bibel „tat, was böse war in den Augen des Herrn, mehr als alle, die vor ihm gewesen waren" (1. Kö. 16,30). Ahabs

Tragödie war nicht das Resultat bloßen Zufalls. Sie war die Konsequenz einer Sünde, die nicht nur sein Leben kennzeichnete, sondern das Leben der ganzen Nation und seiner Vorfahren.

Seine Sünde war die Ursünde – Stolz. Sie ist ursprünglich, aber nicht einzigartig. Ganz im Gegenteil, sie ist die häufigste aller Sünden. Sie ist ursprünglich, weil alle anderen Sünden ihr entspringen. Stolz ist verantwortlich für alles Böse in unserem Leben. Er ist die Wurzel all unserer anderen Sünden. Wir können ihm für alles die Schuld geben. Doch auch wenn Stolz die Wurzel alles Bösen ist, so sind doch wir dafür verantwortlich.

Die Konsequenz von Stolz

1. Könige 16,21-34 spricht über vier verschiedene Konsequenzen der Sünde.

Stolz produziert Spaltung

In Vers 21 lesen wir, daß ein Machtkampf das Volk in zwei Teile gespalten hatte: „Damals teilte sich das Volk Israel in zwei Hälften: die eine Hälfte des Volkes folgte Tibni, dem Sohn des Ginat, um ihn zum König zu machen; und die andere Hälfte folgte Omri."

Du mußt kein Genie sein, um zu erkennen, daß hinter diesem Machtkampf Stolz stand. Die Machtfrage hatte überhaupt nichts mit dem Wunsch zu tun, den Menschen zu dienen. Sie war das Mittel, ihren Ehrgeiz und ihren persönlichen Stolz zu befriedigen.

Dasselbe könnte auch in Gemeinden geschehen. Gottes Volk spaltet sich aufgrund seines Stolzes. Dies geschah in der Gemeinde in Korinth. Einige folgten Paulus, andere Apollos und andere Kephas. Jede Gruppe verkündete stolz, die einzigen zu sein, die Jesus nachfolgten (siehe 1. Kor. 1,12). Heute müssen wir für Einheit im Leib Christi beten und jede Spannung zwischen Denominationen vermeiden, damit die Welt sieht, daß wir eins sind.

Eine andere Art des Stolzes, die zu Spaltung führt, ist Tratsch. Wir kritisieren andere aus dem unterbewußten Bemühen, uns ihnen überlegen zu fühlen. Das bringt Spaltung in die Gemeinde. Vielleicht ist keine andere Sünde so zerstörerisch für die Gemeinde wie Stolz, verkleidet als Tratsch. Tratsch ist ein Krebs innerhalb der Gemeinde, der sie zerstört. Die Gemeinde muß sich gegen diesen Feind verteidigen, der versucht, Spaltung in den Leib zu bringen.

Die beste Art, dies zu tun, ist durch Tratsch. Wenn ein Dieb oder Mörder in dein Haus einbricht, würdest du nicht zögern, ihn der Polizei zu melden. Nun, ebenso müssen wir es melden, wenn die tratschsüchtige Person, der Gemeindemörder, einbricht.

Wenn deine Gemeinde eine Gemeinde ist, die im Zentrum des Willens Gottes leben möchte und offen ist für die fortwährende Erneuerung des Heiligen Geistes, dann laß mich dir sagen, euer Name wird ständig in aller Munde sein. Er wird das Ziel vieler sein, die aufgrund ihrer Frustration nichts Besseres zu tun haben als andere zu kritisieren. Wann auch immer wir an der Frontlinie stehen, werden wir Treffer abkriegen. Sei dennoch demütig und höre nie auf, sie zu segnen und zu lieben, wie Jesus uns gelehrt hat.

Damit die fordere Front vorangehen kann, muß das Hinterende geschützt sein. Deine Gemeinde kann sich keine Spaltung leisten. Mangel an Einheit produziert Niederlage. Wir sind gefordert, jede Anstrengung zu unternehmen, um die Einheit des Geistes durch das Band des Friedens zu wahren.

Stolz führt zu Versagen

Alles, was wir von Omri wissen, ist, daß er tat, was böse war in den Augen des Herrn und mehr sündigte als alle anderen vor ihm (siehe 1. Könige 16,25). Nette Zusammenfassung, nicht wahr? Uns wird auch gesagt, daß die weiteren Geschehnisse seiner Regierungszeit und seine Machttaten im Buch der Geschichte der Könige von Israel geschrieben sind (1. Kö. 16,27). In den Augen Gottes hatte Omri ein nichtssagendes Leben. Der Bericht seiner Leistungen steht nur in den archäologischen Berichten geschrieben, die anzudeuten scheinen, daß er Ruhm und Erfolg hatte. Tatsächlich nannten die Assyrer Israel ein ganzes Jahrhundert lang „*das Haus Omris.*"

Omri brachte es in den Augen der Welt zu Berühmtheit. Seine Bauten waren berühmt, doch sie waren die Frucht von Stolz. Die Demütigen jedoch finden ihre Geschichte im Wort Gottes festgehalten und werden von ihm gebraucht, die Geschichte zu verändern und die Welt zu beeinflussen.

Zu seiner Zeit starb Jesus als völlig Unbekannter für die Welt um ihn herum. Und doch ist die Geschichte heute in zwei Abschnitte geteilt: vor und nach Christus. Keiner der sekulären Historiker in der damaligen Welt sprach über Petrus oder Johannes oder einen der anderen Apostel. Doch diese wenigen ungebildeten Männer revolutionierten das Römische Reich.

Die Geschichte der Leute Gottes wird immer die Geschichte von Menschen ohne Geschichte sein. Und doch sind sie diejenigen, die die Geschichte der Welt verändern. Weil sie Gott Raum geben zu wirken, verändern die Demütigen die Welt. Sie vertrauen nicht auf ihre eigene Stärke oder Intelligenz; sie lassen das Werk Gottes zu einer Realität werden. Deshalb sagt die Bibel, daß Gott das Törichte, das Schwache, das Unedle und das Verachtete der Welt erwählt hat, um die Weisen zuschanden zu bringen.

Stolz verhindert Gottes Wirken. Die Kraft Gottes wird vollkommen in Schwachheit. Wenn Demut vorhanden ist, tut Gott das Werk und ändert die Geschichte. Zu seiner Zeit war Omri wirklich hervorstechend, mächtig und berühmt. Doch alles, was wir heute wissen, ist, daß er einer der schlimmsten Könige Israels war. Das ist sein Ruf.

Wenn deine Haltung richtig ist, ist es gar nicht so wichtig, ob du reich oder arm bist, ob du materielle, emotionelle oder physische Nöte hast oder nicht. Das Wichtige ist, daß Gott dich im Auge hat. Er will seine Kraft in deiner Schwachheit vollkommen machen.

Als ich von der Bibelschule kam, hatte ich die typische „Ich-kann-alles"-Haltung vieler junger Männer. Ich pflegte zu sagen: „Ich werde das Evangelium predigen", und zu denken, das theologische und pastorale Wissen, das ich auf der Bibelschule erlangt hatte, würde für einen fruchtbaren Dienst ausreichen. In jenen Tagen bot ein lieber Bruder, ein Missionar der Assemblies of God, Hilfe an beim Kauf eines Grundstücks und einer Gemeindegründung in einem wunderschönen Stadtviertel der Stadt Buenos Aires mit schönen Häusern und hufeisenförmigen Straßen, genannt Parque Chás.

Als wir dort ankamen, sahen wir genau gegenüber des Grundstücks, das wir soeben gekauft hatten, einen Park voller Kinder und junger Leute, und so begannen wir eine Evangelisation zu planen. In meinem Enthusiasmus sagte ich Betty: „In zwei oder drei Monaten stellen wir das ganze Viertel auf den Kopf."

Es war 1979, und das Land war dem Evangelium gegenüber recht verschlossen, doch ich dachte, wir würden es schon schaffen. Wir stellten ein paar Stühle in den Park und begannen zu predigen. Bald stürzten meine

Träume in sich zusammen. Nicht mal eine einzige Person kam, um uns zuzuhören. Tag für Tag blieben die Stühle leer.

Dann machte jemand den Vorschlag: „Warum zeigt ihr nicht ein paar Filme?“ Wir hielten das für eine gute Idee, und dieses Mal konnten wir die Aufmerksamkeit der Nachbarn fesseln. Einige sehr alte Damen kamen und setzten sich in die erste Reihe. Einige weitere Nachbarn beobachteten uns voller Interesse. Das ermutigte uns. Es waren wunderschöne Filme, und danach hatten wir eine Gelegenheit zu predigen. Aufgeregt und mit der Bibel in der Hand wartete ich auf den großen Augenblick.

Der Film ging zu Ende, und als wir die Lichter anmachten ... siehe da! Alle rannten weg, außer den armen alten Damen, die nicht die körperliche Kraft dazu hatten! Ich fühlte mich wirklich frustriert.

Ich suchte nach Alternativen. Wir würden nicht aufgeben. Nachdem meine Frau und ich die Situation durchdacht hatten, kamen wir zu dem Schluß, daß ich schneller auf die Plattform klettern mußte, wenn der Film zu Ende war. So übten wir unseren Plan zu Hause. Ich versteckte mich hinter einem Baum mit dem Mikrophon in der Hand. Sobald der Film zu Ende war, machte meine Frau die Lichter an, und ich sprang auf die Bühne, so schnell ich nur konnte, um eine mächtige Botschaft zu predigen!

Viele Leute kamen am nächsten Abend. Ich stand in Positur mit dem Mikrophon in der Hand. In dem Augenblick, wo das Licht anging, sprang ich auf die Bühne und sagte mit sehr lauter Stimme: „Gehen Sie nicht weg! Ich habe gute Neuigkeiten für Sie.“

Nun, weißt du, was geschah? Alle rannten weg, mitten vor meiner Nase. Es war echt grausam.

Der Herr war wirklich am Arbeiten an meiner Selbstgefälligkeit.

Diese Jahre der Niederlagen lehrten mich, daß ich mich nicht auf meine eigene Kraft verlassen konnte. Gott zeigte mir, daß meine Fähigkeiten und meine theologische Ausbildung unzureichend waren. Ich mußte zerbrochen werden, damit das Leben Jesu, das Leben, das die Welt braucht, durch mich fließen konnte. Von diesem Augenblick an begann ich zu hungern und zu dürsten nach der Kraft des Heiligen Geistes. Heute weiß ich, daß jede Gabe oder Fähigkeit, die ich haben mag, das Werk des Heiligen Geistes ist. Alles, was ich habe, kommt allein aus seiner Gnade, und ihm allein gebührt alle Ehre.

In jenen Wüstenjahren arbeitete der Töpfer an meinem Stolz und meiner Menschlichkeit, damit ich ein nützliches Gefäß werden konnte.

Er möchte deine Geschichte verändern und dich gebrauchen, die Geschichte zu verändern. Wenn du nicht erfolgreich oder mächtig bist, wenn du in den Augen der Menschen keine Geschichte hast, dann will Gott Geschichte schreiben mit dir und durch dich. Nicht eine Geschichte von Stolz oder menschlicher Kraft, sondern eine, die dein Leben und das Leben anderer verändern wird – die Geschichte seines Reiches.

Stolz vererbt sich

Stolz ist ansteckend; er geht von Generation zu Generation. Als Omri starb, wurde sein Sohn Ahab König. Was meinst du wohl, wie sein Leben und seine Königsherrschaft aussahen?

Wir erfahren in 1. Könige 16,33, daß Ahab mehr Böses tat als sein Vater und alle Könige Israels vor ihm. Es konnte gar nicht anders sein. Ahab wuchs auf mit dem Vorbild eines sehr stolzen, arroganten, selbstgefälligen und rebellischen Vaters. Das Resultat war, daß Ahab einfach imitierte, was er in ihm sah. Stolz ist nämlich nicht nur eine Sünde, sondern ein Lebensstil. Stolz ist die Entscheidung, Gott in unserem Leben den Rücken zu kehren. Stolz ist die Sünde, die uns allen gemein ist, weil wir sie von unseren Vorfahren Adam und Eva geerbt haben. Stolz ist mehr als nur eine spezifische Sünde, Stolz ist ein Lebensstil, der bis zum heutigen Tage von einer Generation zur nächsten weitergegeben wurde.

Stolz besteht daraus, daß wir Gott den Rücken zukehren und ihm nicht erlauben, unser Leben zu regieren oder an uns zu arbeiten. Wir entfernen ihn von dem Platz, den er in unserem Leben haben sollte, und meinen, als Gefäße hätten wir es nicht mehr nötig, daß der Töpfer an uns arbeitet. Die meisten von uns gewähren Gott nur dann Einlaß in unser Leben, wenn es für uns zu schwierig wird. In der Zwischenzeit tun wir weiterhin, was uns gefällt. Das ist die Sünde, von der alle anderen Sünden abstammen. Das ist die Sünde, die uns von Gott trennt. Das ist der Lebensstil, der Unglück, Mißgeschick, Trauer, Depression, Krankheit, Ängste und Schmerz erzeugt. Stolz ist die Sünde, für die wir Buße tun müssen. Es ist nicht genug zu versuchen, „mit diesem oder jenem aufzuhören." Wir müssen an die Wurzel des Problems gehen und gegen die Sünde angehen, die uns von Gott wegstößt.

Stolz wird bestraft

Etwas sehr Interessantes ist als nächstes geschrieben: „In seinen Tagen baute Hiel, der Betheliter, die Stadt Jericho wieder auf. Um den Preis von seinem Erstgeborenen, Abiram, legte er ihren Grund, und um den Preis von Segub, seinem Jüngsten, setzte er ihre Tore ein nach dem Wort des Herrn, das er durch Josua, den Sohn des Nun, geredet hatte" (1. Kö. 16,34).

Um das klar zu verstehen, müssen wir Josua 6,26 lesen:

So ließ Josua damals schwören: „Verflucht vor dem Herrn sei der Mann, der sich aufmachen und diese Stadt Jericho wieder aufbauen wird! Mit seinem Erstgeborenen wird er ihren Grund legen und mit seinem Jüngsten ihre Tore einsetzen."

Gott läßt sich nicht spotten. Gott richtet und straft unseren Stolz und unseren Mangel an Abhängigkeit von ihm. Christen, die sich nicht täglich selbst verleugnen, sind frustriert und erleben ständiges Versagen. Deshalb gibt es so viele verbitterte Christen. Stolz und Selbstgefälligkeit haben ein Resultat – Strafe.

Wenn wir die falsche Ausrichtung haben, wird die Strafe nicht momentan sein, sondern permanent: eine bittere Existenz hier in dieser Welt und ewige Strafe in der kommenden Welt.

Jesus ist nicht gekommen, um die Welt zu verdammen, sondern um sie zu retten. Und die Art, wie er das tut, ist gemäß seinen eigenen Worten: „Wenn jemand mir nachkommen will, verleugne er sich selbst und nehme sein Kreuz auf täglich und folge mir nach" (Lk. 9,23). Sich selbst zu verleugnen heißt, dem grundlegenden Stolz abzusagen. Das Kreuz auf sich zu nehmen heißt dem täglichen Stolz abzusagen. Und ihm zu folgen heißt, ihm zu erlauben, unser Leben zu regieren.

Jetzt ist die Zeit, wo der Töpfer deine Geschichte als rebellisches Gefäß verändern will. Er will dich formen in das Design, das er für dich hat. Er will die Geschichte deines Lebens verändern, so daß du die Geschichte dieser Welt und dieser Zeit verändern kannst durch das Evangelium von Jesus Christus. Widerstehe ihm nicht; erlaube ihm, dich zu formen!

9. Gefäße des Fluches

> Und der Priester nehme heiliges Wasser in einem Tongefäß; und der Priester nehme von dem Staub, der auf dem Fußboden der Wohnung ist und tue ihn in das Wasser. 4. Mose 5,17

Im alten Israel gab es eine sehr eigenartige Zeremonie, die eine alte Praxis aus dem Mosaischen Gesetz widerspiegelte. Sie diente dazu, die Schuld oder Unschuld einer Person zu bestimmen, die des Ehebruchs verdächtigt wurde. Das 3. Buch Mose verhängte die Todesstrafe über die ehebrecherische Person. Wenn nicht genug Beweise für die Schuld oder Unschuld der Frau vorgelegt werden konnten, mußte der Ehemann sie zum Priester bringen, zusammen mit einem Opfer, dem sogenannten *Speisopfer der Eifersucht*. Der Priester nahm etwas heiliges Wasser in ein Tongefäß und etwas Staub vom Fußboden der Stiftshütte, den er in das Wasser tat. Das heilige Wasser, verunreinigt durch den Staub, wurde zu bitterem Wasser, das einen Fluch brachte. Die Frau mußte dieses Wasser trinken, und wenn sie die Sünde des Ehebruchs begangen hatte, würde sie unter den Fluch kommen, ihr Bauch würde anschwellen, und sie würde für immer unfruchtbar sein. Das war eine schreckliche Strafe in einer Gesellschaft, die so großen Wert darauf legte, viele Kinder zu haben.

Ungeachtet der Eigenartigkeit dieses Rituals gibt es hier eine wichtige Lektion für uns zu lernen. Das Tongefäß ist unser Leben, und Gott hat es dazu bestimmt, heiliges Wasser zu enthalten. Wenn wir jedoch Gott untreu sind, verunreinigt der Staub der Sünde dieses Wasser, und wir sind nicht länger ein Gefäß mit heiligem Wasser, sondern werden ein Gefäß mit bitterem Wasser, das einen Fluch bringt.

Genau wie *Untreue* bedeutet, „eine Doppelbeziehung zu führen,“ so ist es *geistlicher Ehebruch*, wenn wir angeben, Gott zu lieben und seine

Kinder zu sein, während wir in Ungehorsam ihm gegenüber leben. Der gespaltene Christ meint, er könne gleichzeitig auf zwei verschiedenen Wegen gehen. Er will in zwei Welten leben. Er entscheidet sich nicht. Er ist wie ein Gefäß, das heiliges Wasser enthält – aber auch Staub. Und so wird er schließlich zu einem Gefäß des Fluches.

Das gespaltene Herz

Einige Christen führen ein Doppelleben. Sie erfreuen sich der Gegenwart Gottes in den Gottesdiensten; sie berühren seine Herrlichkeit, doch in ihrem Privatleben führen sie eine ganz andere Existenz. Ihre Leben sehen aus wie die Beschreibung, die der Prophet Haggai gibt: „Und nun, so spricht der Herr der Heerscharen: Richtet euer Herz auf eure Wege! Ihr habt viel gesät, aber wenig eingebracht; ihr eßt, aber werdet nicht satt; ihr trinkt, aber seid noch durstig; ihr kleidet euch, aber es wird keinem warm; und der Lohnarbeiter erwirbt Lohn in einen durchlöcherten Beutel" (Haggai 1,5-6).

Solche Christen haben Freude, Heiligkeit und Gemeinschaft, solange sie in der Gemeinde sind. Doch sobald sie nach Hause kommen, ist alles anders. Sie erleben Einsamkeit, Traurigkeit, geistliche Leere und Streit. Aus einem Klima der Herrlichkeit gehen sie in eine ganz andere geistliche Atmosphäre. Verlieren sie vielleicht die Salbung unterwegs? Wir müssen darüber wirklich einmal nachdenken.

Der Apostel Petrus ermahnt uns: „Seid nüchtern, wacht! Euer Widersacher, der Teufel, geht umher wie ein brüllender Löwe und sucht, wen er verschlingen könne" (1. Petr. 5,8). Satan greift die Leben der Christen an, um ihre Seelen zu zerreißen: „Daß er nicht wie ein Löwe mein Leben zerreißt, er reißt, und da ist kein Befreier" (Ps. 7,2). So wie ein Löwe greift Satan unsere Seele an, um sie zu zerreißen und kaputtzuschlagen. Jakobus trägt uns auf, uns der Herrschaft Christi zu unterwerfen und dem Teufel zu widerstehen, damit unsere Seele nicht zerrissen wird: „Unterwerft euch nun Gott! Widersteht aber dem Teufel, und er wird von euch fliehen. Naht euch Gott, und er wird sich euch nahen. Säubert die Hände, ihr Sünder, und reinigt die Herzen, ihr Wankelmütigen" (Jak. 4,7-8).

Das Wort, das Jakobus gebraucht, ist *dypsikos*, was wörtlich bedeutet „zwei Seelen, zwei Sinne und zwei Herzen." Gemäß der Bibel ist Zerstörung Satans Absicht, wenn er zerreißt: „Jedes Reich, das mit sich selbst entzweit ist, wird verwüstet; und jede Stadt oder jedes Haus, die mit sich selbst entzweit sind, werden nicht bestehen" (Mt. 12,25). Satan weiß, solange unser Herz zerrissen ist, werden wir nicht fähig sein, Gott mit unserer ganzen Seele zu lieben. Was ist es, das Gott in seinem Wort von uns verlangt? „Und nun, Israel, was fordert der Herr, dein Gott, von dir als nur, den Herrn, deinen Gott, zu fürchten, auf allen seinen Wegen zu gehen und ihn zu lieben und dem Herrn, deinem Gott, zu dienen mit deinem ganzen Herzen und mit deiner ganzen Seele, indem du die Gebote des Herrn und seine Ordnungen, die ich dir heute gebe, hältst, dir zum Guten?" (5. Mose 10,12-13).

Unsere gespaltene Seele versucht, zwei Herren zu dienen. Doch wie Jesus uns lehrte, ist das unmöglich: „Niemand kann zwei Herren dienen; denn entweder wird er den einen hassen und den anderen lieben, oder er wird einem anhängen und den anderen verachten. Ihr könnt nicht Gott dienen und dem Mammon" (Mt. 6,24). Jesus gibt uns das Beispiel einer Person, die zwei Herren dient. Das Resultat wird sein, daß sie den einen liebt und den anderen verachtet, da es unmöglich ist, zwei Herren mit absoluter und exklusiver Liebe zu dienen. Wir können nicht unter der Herrschaft Christi stehen und gleichzeitig tun, was immer wir wollen. Die Sprüche sagen ganz klar: „Eine Zuflucht für den, der rechtschaffenen Weges ist, ist der Herr, aber Verderben für die, die Unrecht tun" (Spr. 10,29). Der Weg des Herrn ist eine Festung für den Christen, der „ganz" ist – authentisch und hingegeben. Doch derjenige, der versucht, sein Christenleben „gespalten" zu führen – indem er seinem eigenen Willen folgt und tut, was immer er will –, wird in Zerstörung enden.

Vor nicht allzu langer Zeit empfing ich einen Brief von einem Mann, der mir seine schreckliche Erfahrung schilderte. Er war drogenabhängig und Alkoholiker. Wie in einem solchen Fall nicht anders zu erwarten, ging seine Familie kaputt. Sein falsches Verhalten verletzte seine Familie enorm. Da seine Süchte und seine emotionelle Instabilität ihm jede Arbeit unmöglich machten, stahl er, um seiner Familie etwas zu essen geben zu können.

Eines Tages hielt er eines der vielen Taxis in der Stadt Buenos Aires an mit der Absicht, den Fahrer auszurauben. Er stieg ein und gab dem Fahrer eine beliebige Adresse an. Wenige Straßenblocks später zog er einen Revolver. Er befahl dem Mann, ihm all sein Geld zu geben. Zu seiner Überraschung drehte sich der Fahrer, ein Mitglied unserer Gemeinde, um, sah ihm in die Augen und sagte: „Jesus liebt dich!"

Dieser Mann sagte mir, das sei ihm wie ein Blitz durch den ganzen Körper gefahren. Er war vorher Christ gewesen, hatte sich nun aber weit von Gott entfernt. Er war Mitglied einer Gemeinde gewesen, verließ diese jedoch und begann ein Leben in Sünde. Er verstrickte sich sogar in „Spiritismus" und eine Satanssekte namens „Umbanda." Aus diesem Grund trafen ihn diese Worte aus dem Munde eines Mannes, der voll Heiligen Geistes war, so tief.

Seine erste Reaktion war, auszusteigen und wegzulaufen, doch unser Bruder ließ ihn nicht gehen. Er ergriff seine Hand und sagte: „Geh nicht weg! Du mußt das Wort Gottes hören. Du stiehlst doch nur, weil du Jesus Christus in deinem Leben brauchst." Sie redeten lange Zeit, und später weihte dieser Mann sein Leben wieder neu dem Herrn. Nachdem sie zusammen gebetet hatten, fuhr unser Bruder ihn nach Hause und verabschiedete ihn mit dem Versprechen, ihn am nächsten Sonntag zum Gottesdienst abzuholen.

Auf diese Weise kam er mit uns in Verbindung und schrieb bald darauf diesen wunderschönen Brief. Ich muß dir eine wichtige Information über diesen Brief geben. Weißt du, wo er war, als er mir schrieb? *Er war im Gefängnis*. Gott hatte ihm eine wunderbare Gelegenheit gegeben, aber es wurde nur noch schlimmer mit ihm als zuvor. Er ist ein klares Beispiel für die Konsequenzen eines gespaltenen Herzens.

Gott schätzt keine zwiespältigen Christen, und auch die Leute schätzen sie nicht. Sie werden nur diejenigen respektieren, die in sich eins und ihrem Glauben wirklich hingegeben sind. Sogar wenn sie nicht übereinstimmen mit dem Glauben der Person, werden sie doch Respekt zeigen. Das kann man sehr gut unter Teenagern sehen. Diejenigen, die Dinge halbherzig tun, werden verspottet; diejenigen jedoch, die hingegeben sind, ein konsequentes Leben führen und eine wunderbare freudige Einstellung haben, nicht. Wenn Teenager spüren, daß ein hingegebener Christ bereit ist, zu helfen und guten Rat zu geben, werden sie ihn unterstützen. In der Not werden sie zu ihm kommen, da sie merken, daß er anders ist. Wenn sie eine Konsequenz zwischen dem beobachten, was eine Person glaubt, und dem, was sie tut, werden sie Respekt und sogar Bewunderung zollen. Das 5. Buch Mose erklärt es folgendermaßen: „So bewahrt und tut sie (die Ordnungen und Gebote Gottes)! Denn das ist eure Weisheit und eure Einsicht in den Augen der Völker, die all diese Ordnungen hören. Und sie werden sagen: Ein wahrhaft weises und verständiges Volk ist diese große Nation!" (5. Mose 4,6).

Die Leute lehnen Menschen ab, die inkonsequent sind und deren Glauben und Verhalten nicht zusammenpassen. Sie haben einen äußerlichen

Glauben anstatt eines innerlichen: „Nahe bist du in ihrem Mund, doch fern von ihren Nieren“ (Jer. 12,2). Sie kennen das Wort Gottes, machen dieselben Gesten wie alle anderen, beten und singen. Gott ist immer auf ihren Lippen, aber nicht auf dem Thron ihres Herzens, er regiert nicht ihr ganzes Leben. Sie halten es für okay, in einigen Bereichen ihres Lebens Christ zu sein, aber nicht in anderen; sie halten sich für frei zu entscheiden, in welchen Dingen oder Aspekten ihres Lebens sie Gott gehorchen und seinen Willen tun. Sie verstehen nicht das Gebot, das sagt: „Auf all deinen Wegen erkenne nur ihn, dann ebnet er selbst deine Pfade!“ (Spr. 3,6)

Einige Christen halten es für völlig normal, ein Doppelleben zu führen. Aber verstehe bitte, was das für Gott bedeutet. Er ist zornig auf den zwiespältigen Christen: „Vierzig Jahre empfand ich Ekel vor diesem Geschlecht, und ich sprach: Ein Volk irrenden Herzens sind sie, und sie haben meine Wege nicht erkannt“ (Ps. 95,10). Gott erklärte auch: „Darum schwur ich in meinem Zorn: Sie sollen nicht in meine Ruhe eingehen“ (V. 11). Es ist kein Kinderspiel. Gott nimmt Doppelherzigkeit sehr ernst und erklärt die Person, die so lebt, für schuldig: „Geteilt ist ihr Herz, jetzt werden sie büßen“ (Hos. 10,2).

Gott will Christen ganz haben, nicht gespalten. Er will Männer und Frauen, die Ihn mit ihrem ganzen Herzen lieben, mit ihrer ganzen Seele und mit all ihrer Kraft. Er wartet auf unsere Entscheidung: „Siehe, ich lege euch den Weg des Lebens vor und den Weg des Todes“ (Jer. 21,8). Jetzt ist die Zeit zu entscheiden, welchen Weg wir gehen werden.

Die Notwendigkeit der Entscheidung

Das Volk Israel betete Gott an. Das war nicht das Problem. Das eigentliche Problem war, daß sie auch Baal anbeteten: „So fürchteten diese Nationen den Herrn und dienten zugleich ihren Götterbildern, auch ihre Kinder und ihre Kindeskinder. Wie ihre Väter getan haben, so tun auch sie bis auf den heutigen Tag“ (2. Kö. 17,41). Der Prophet Hosea mußte berichten, daß dieses Volk ein gespaltenes Herz hatte: „Geteilt ist ihr Herz“ (Hos. 10,2). Das war Israels ewiges Problem.

Jakobus lehrt uns, was das heißt: „ein wankelmütiger Mann, unbeständig in allen seinen Wegen“ (Jak. 1,8). Das ist das Problem vieler Christen heute. Sie gehen in die Gemeinde und beten Gott an, aber parallel dazu beten sie andere sehr subtile Götter an – Geld, Beruf, Familie, soziale

Stellung und ihre Berufung. Es ist nichts falsch an diesen Dingen, aber wenn sie im Leben einer Person an erster Stelle stehen, wenn sie über Freude oder Trauer entscheiden, ihren Frieden oder Mangel an Frieden, dann werden sie Götter, die unserem Gott den Platz rauben.

In der Bergpredigt befahl Jesus seinen Jüngern, sich zu entscheiden. Sie konnten nicht Gott und Mammon, dem Gott des Geldes dienen. Viele Christen wollen Gott dienen, während sie sich konstant darauf konzentrieren, Geld zu machen. Es ist nichts falsch daran, Geld zu machen, aber wenn das zum Zentrum unseres Lebens wird, dann wird es, bewußt oder unbewußt, zu einem Götzen.

Mammon ist ein raffinierter Gott, der eindringt und im Herzen von Menschen wirkt. Der einzige, der aus Gnade handelt, das heißt absolut gratis, ist Gott. Falsche Götter werden immer einen Preis verlangen. Im allgemeinen tauschen sie eines gegen das andere ein. Mammon wird dir Dinge geben, aber er wird dafür dein Herz verlangen. Das ist der Grund, warum Jesus uns lehrte: „Wo dein Schatz ist, da wird auch dein Herz sein" (Mt. 6,21). Mammon bietet dir die ganze Welt im Tausch gegen dein Herz. Jesus ermahnt uns daher: „Denn was wird es einem Menschen nützen, wenn er die ganze Welt gewönne, aber sein Leben einbüßte? Oder was wird ein Mensch als Lösegeld geben für sein Leben?" (Mt. 16,26)

Ich bin nicht gegen Besitz. Meine Familie, meine Gemeinde und ich sind lebendige Zeugnisse eines Gottes, der uns reich versorgt. Was ich aufzeigen möchte ist die Wichtigkeit zu unterscheiden, woher der Wohlstand kommt. Der Teufel ist ein schlauer Nachahmer der Segnungen Gottes. Die Absicht seiner Imitationen ist, Christen einzufangen. Sie denken, Gott würde sie segnen, während sie sich tatsächlich langsam von ihm entfernen.

Satan handelt nach dem Prinzip „spalte und erobere". Er weiß, wenn er Erfolg damit hat, unser Herz zu spalten, wird er unser Leben beherrschen können, da wir so nicht länger unter der Herrschaft und dem Willen Gottes sind. Er versucht uns nie zu verführen, indem er sagt: „Teile dein Herz; bete Gott an *und* mich." Er weiß, der Christ würde diese Art von Offerte augenblicklich ausschlagen. So gebraucht er einen schlau verkleideten Köder mit einem scharfen Angelhaken darin. Er präsentiert uns gute Dinge; mit der Zeit werden diese guten Dinge Gottes Platz in unserem Leben einnehmen und damit zu Götzen werden.

So könnten für einige Geld und Reichtümer der Köder sein. Für andere jedoch könnte die Familie der Köder sein. Einige sind wie gebannt von ihrer Familie und leben nur für sie. Da sie sich ihrer Familie widmen müssen, haben sie nie Zeit, für das Reich Gottes zu arbeiten. So mußte Jesus, der Schöpfer und liebevolle Erhalter der Familie, sagen: „Wenn jemand zu mir kommt und haßt nicht seinen Vater und seine Mutter und seine Frau und seine Kinder und seine Brüder und Schwestern, dazu aber auch sein eigenes Leben, so kann er nicht mein Jünger sein" (Lk. 14,26). Es ist offensichtlich, daß Jesus uns nicht lehrt, unsere Eltern oder Kinder oder Brüder oder Schwestern oder andere Verwandte zu hassen. Was er sagt, ist, daß ein Mensch, der einen Verwandten mehr liebt als Gott, nicht sein Jünger sein kann. Die Essenz der Nachfolge Jesu Christi ist, daß er an erster Stelle in unserem Leben stehen muß, unsere Familie wird an zweiter Stelle stehen und unser Dienst und christliche Aufgaben an dritter Stelle.

Ich habe aufgezeigt, wie Satan dein Herz spalten kann, indem er Geld und Familie als Köder benutzt. Dasselbe könnte von Arbeit, deinem Beruf, Sex, deinem Haus, einem Sport oder jeder beliebigen Sache gesagt werden, die den ersten Platz in deinem Leben einnimmt. Sogar die Gemeinde und der Dienst können, wenn sie den Platz Gottes einnehmen, zu falschen Göttern werden. Wenn wir von diesen Götzen in die Falle gelockt werden, dann sind wir an Dämonen gebunden. Wenn eine Person für etwas lebt und diese Sache ihr Gott wird, wenn das Herzstück ihrer Arbeit, Motivationen und Energien auf dem Altar dieses Gottes dargebracht werden, dann opfert sie tatsächlich ihr Leben den Dämonen. Die Bibel sagt, daß „das, was sie opfern, sie den Dämonen opfern und nicht Gott. Ich will aber nicht, daß ihr Gemeinschaft habt mit den Dämonen" (1. Kor. 10,20).

Einige Christen geben sich ihm doch immer noch nicht vollständig hin, obwohl sie Gott erlebt und kostbare Gaben und Talente empfangen haben und seine Salbung besitzen. Sie sind gespalten, und auch ihre Herzen sind gespalten. Laut Jakobus müssen sie gereinigt werden: „Naht euch Gott, und er wird sich euch nahen. Säubert die Hände, ihr Sünder, und reinigt die Herzen, ihr Wankelmütigen!" (Jak. 4,8)

Eine Gruppe junger Leute aus unserer Gemeinde wurde in einer Gebetszeit tief von Gott berührt. Sie empfanden das Bedürfnis, ihre Herzen völlig Gott zu weihen und diese kleinen Götter hinter sich zu lassen, die Gottes Vision für ihre Leben trüben. Eine junge Frau sagte:

> Der Herr bittet mich, meine Selbstsucht aufzugeben, die Dinge, die mir wichtig sind, und einzusteigen in die Dinge, die ihm wichtig sind, die Dinge, die in seinem Herzen sind. Wir gehören nicht uns selbst,

> wir sind Diener Christi. Wir sind auf dieser Welt, um seinen Willen zu tun und ihm zu gehorchen und zu dienen.

Eine andere junge Frau gab Zeugnis:

> Als wir beteten, als wir Gott suchten, wurde mir klar, daß es mir um meine eigenen Belange ging, um meine eigenen Ziele. Ich war mir all der Menschen um mich herum, die das Evangelium brauchen, gar nicht bewußt. Sie sind Gottes Gelegenheit für mich, die Gute Nachricht zu predigen, und die sollte ich nicht verschwenden.

Dies sind die Zeugnisse gereinigter Herzen. Es sind Herzen, die mit Gottes Willen im Einklang sind. Meinst du, Gott möchte dasselbe mit dir tun?

Zu einer ganz besonderen Zeit in der Geschichte Israels waren die Herzen des Volkes wieder einmal gespalten. Eine Konfrontation entstand zwischen Elia und dem Gott Israels und Baal und den Propheten Isebels. Elia konfrontierte sie mit einer Frage, die auch für uns heute noch gilt: „Wie lange hinkt ihr auf beiden Seiten?“ (1. Kön. 18,21). Das Volk betete den Herrn an, aber auch Baal. Das war für Gott ein Greuel. Daher mußte der gesalbte Prophet sie mit dieser Frage wachrütteln. Die Erweiterte Übersetzung lautet: „Wie lange werdet ihr zögern und zwischen zwei Meinungen hinken?“ Gott mag es nicht, wenn wir Spielchen mit ihm treiben, und so fragt er dich heute: „Wie lange?“

Im Verlangen nach einer Antwort riefen die Baalspropheten zu ihrem Gott vom frühen Morgen bis zum Mittag. Aber nichts geschah – kein Laut, keine Antwort. Sie tanzten um den Altar, den sie gebaut hatten, doch nichts geschah. Sie ritzten sich mit Messern und mit Spießen, bis das Blut an ihnen herabfloß, doch nichts geschah. Der Mittag verging, und sie fuhren fort in ihrer wilden Raserei bis zur Zeit des Speisopfers, aber da war kein Laut, keine Antwort, kein Aufhorchen. Unsere kleinen Götter können uns eine Weile lang befriedigen, doch in den entscheidenden Augenblicken nützen sie uns nichts. Sie hören nicht auf uns, und sie antworten nicht. Es gibt nur einen wahren Gott, der unsere Gebete hören und unserem Leben Erfüllung geben kann.

Das Wort sagt, daß das Volk nichts antwortete, als Elia sie mit der Frage konfrontierte: „Wie lange hinkt ihr auf beiden Seiten?“ „Aber das Volk antwortete ihm kein Wort.“ Es gibt nichts, was Gott mehr ärgert, als das

Schweigen der Unentschlossenen, derjenigen, die einfach keine Entscheidung treffen wollen. In sehr harscher Sprache warnt uns der Herr: „Ich kenne deine Werke, daß du weder kalt noch heiß bist. Ach, daß du kalt oder heiß wärest! Also, weil du lau bist und weder heiß noch kalt, werde ich dich ausspeien aus meinem Munde“ (Off. 3,15-16). Gott sind die Kalten lieber als die Lauen. Die Kalten werden das Ende erleben, das sie selbst erwählt haben. Doch wehe dem Lauen! Er meint, zu Gott zu gehören, doch Gott wird ihn aus seinem Munde ausspeien. Die Kalten können Buße tun, doch die Lauen wissen nicht einmal, daß sie das nötig haben.

Doch dies ist eine Zeit der Wiederherstellung. Deshalb müssen wir uns bewußt sein, wie folgenschwer es ist, ein Doppelleben zu führen. Wir müssen ganz werden und unser geteiltes Herz zu einem ungeteilten Herzen machen. Um das zu tun, *müssen wir zuerst zu ihm umkehren*: Wenn „du *umkehrst* zum Herrn, deinem Gott, und seiner Stimme gehorchst nach allem, was ich dir heute befehle, du und deine Kinder, mit deinem *ganzen* Herzen und mit deiner *ganzen* Seele …“ (5. Mose 30,2; Schrägdruck hinzugefügt). Viele erleben nur eine unvollständige Bekehrung und führen nie ein siegreiches Christenleben. Heute ruft uns Gott zu einer radikalen, vollständigen, das ganze Leben umfassenden Bekehrung.

Wir müssen den Herrn lieben mit allem, was in uns ist: „Und nun, Israel, was fordert der Herr, dein Gott, von dir als nur, den Herrn, deinen Gott, zu fürchten, auf allen seinen Wegen zu gehen und ihn zu *lieben* und dem Herrn, deinem Gott, zu dienen mit deinem *ganzen* Herzen und mit deiner *ganzen* Seele“ (5. Mose 10,12; Schrägdruck hinzugefügt). Der Herr muß unsere erste und größte Liebe sein. Keine andere Liebe darf seinen Platz einnehmen.

Wir müssen ihm vollständig gehorchen: „Am heutigen Tag befiehlt dir der Herr, dein Gott, diese Ordnungen und Rechtsbestimmungen zu *tun*. So bewahre und tue sie mit deinem *ganzen* Herzen und mit deiner *ganzen* Seele!“ (5. Mose 26,16; Schrägdruck hinzugefügt). Die Liebe, die Gott von uns fordert, ist nicht eine sentimentale Liebe. Es ist eine wahre Liebe, die sichtbar wird in unserer Bereitschaft zum Gehorsam. Jesus verstand das, als er sagte: „Wenn ihr mich liebt, so werdet ihr meine Gebote halten“ (Joh. 15,14).

Wir müssen dem Herrn dienen mit unserem ganzen Wesen: „Nur achtet genau darauf, das Gebot und das Gesetz zu tun, das Mose, der Knecht des Herrn, euch befohlen hat: den Herrn, euren Gott, zu *lieben* und auf allen seinen Wegen zu wandeln und seine Gebote zu halten und ihm anzuhängen und ihm zu dienen mit eurem *ganzen* Herzen und mit eurer *ganzen* Seele“ (Jos. 22,5; Schrägdruck hinzugefügt). „So fürchtet nun den Herrn und *dient* ihm in *Aufrichtigkeit* und *Treue*! Und tut die Götter weg, denen eure Väter jenseits des Stroms und in Ägypten gedient haben, und dient dem Herrn“ (Jos. 24,14; Schrägdruck hinzugefügt).

Wir müssen in Treue wandeln. Das Christenleben ist nicht nur ein Augenblick von Entscheidung und Bekehrung, sondern es geht darum, in Treue und Wahrheit zu leben: „Wenn deine Söhne auf ihren Weg achthaben, so daß sie *in Treue* vor mir *leben* mit ihrem *ganzen* Herzen und mit ihrer *ganzen* Seele, dann soll es dir nicht an einem Mann fehlen auf dem Thron Israels“ (1. Kö. 2,4; Schrägdruck hinzugefügt).

Wir müssen ihn jeden Tag intensiv suchen. Wir müssen nach Gott hungern und dürsten, ihn ernstlich suchen, mehr und mehr von ihm ersehnen. „Und sie traten in den Bund, den Herrn, den Gott ihrer Väter, zu *suchen* mit ihrem *ganzen* Herzen und mit ihrer *ganzen* Seele“ (2. Chr. 15,12; Schrägdruck hinzugefügt).

Wir müssen Gott versprechen, daß er unser einziger Gott sein wird. Er muß wissen, daß wir immer und ewig ihn lieben, ihm gehorchen, ihn suchen und ihm folgen werden: „Und der König stand auf seinem erhöhten Standort und schloß den *Bund* vor dem Herrn, dem Herrn nachzufolgen und seine Gebote und seine Zeugnisse und seine Ordnungen zu bewahren mit *ganzem* Herzen und mit *ganzer* Seele, um die Worte des Bundes zu tun, die in diesem Buch aufgeschrieben sind“ (2. Chr. 34,31; Schrägdruck hinzugefügt).

Der Töpfer verspricht, wenn wir ihn wirklich suchen, wird er unserem Doppelleben ein Ende setzen und auch unserem geteilten Herzen und unseren doppelten Wegen. „Und ich werde ihnen einerlei Sinn und einerlei Wandel geben, damit sie mich alle Tage fürchten, ihnen und ihren Kindern nach ihnen zum Guten“ (Jer. 32,39). Wenn wir uns entscheiden, von heute an so zu leben, wird der Töpfer unser Leben wiederherstellen, und wir werden nicht länger Gefäße des Fluches sein. Wir werden nicht länger bittere Wasser enthalten, sondern heilige Wasser.

10. Verhärtete Gefäße

> Und das Gefäß, das er aus dem Ton machte, mißriet in der Hand des Töpfers. Und er machte wieder ein anderes Gefäß daraus, wie es in den Augen des Töpfers recht war zu tun. Jeremia 18,4

Jeremia war entmutigt. Sein Herz war zerbrochen angesichts der Realität eines besiegten Volkes auf dem Weg in die Zerstörung. Doch Gott ließ ihn nicht in dieser Depression versinken, sondern trug ihm statt dessen auf, ins Haus des Töpfers hinabzugehen. Dort sah er den Künstler bei der Arbeit. Er beobachtete, wie er den Ton in seine Hände nahm und auf die Scheibe legte. Er war überrascht, als er sah, wie durch eine einzige Berührung der Finger des Töpfers ein Gefäß Gestalt zu gewinnen begann. Doch gerade als es fertig zu sein schien … mißriet das Gefäß in seinen Händen! Der Töpfer jedoch, völlig unbewegt, hob den Ton des zerbrochenen Gefäßes auf, mischte ihn neu und legte ihn wieder auf die Scheibe. Bald darauf war ein wunderschönes neues Gefäß geformt.

Die Realität deines Versagens

Am Tag deiner Geburt hob Gott dich auf und legte dich auf die Scheibe, wo er dich viele Jahre lang geformt hat. Vielleicht hast du jedoch heute einige Sprünge und bist zu einem Stück zerbrochenen Gefäßes geworden. Du hast versagt, und auf dem Boden liegen die Scherben des Mannes oder der Frau, die du nach Gottes Plan hättest sein können. Was wird Gott tun? Er hat dich mit einer Absicht geschaffen, die noch unerfüllt ist. Wird er eine andere Person nehmen, um deine Aufgabe zu erfüllen? Wird er jemand anders erwählen, um die Arbeit zu tun, die er für dich bestimmt hatte? Vielleicht ja. Aber vielleicht, wie wir im ersten Kapitel gesehen haben, noch nicht.

Anstatt ein anderes Stück Ton zu nehmen, um das Gefäß zu formen, das er geplant hatte, kehrt er um und sucht nach dir. Seine Hand geht über Tausende, über Millionen, bis er dich findet. Er will die Bruchstücke aufheben und ganz neu beginnen.

Es ist sehr wichtig zu verstehen, daß er der Gott der zweiten Chance ist. Akzeptiere deine Frustration und versuche, den Grund deines Versagens zu verstehen. Sonst wirst du dieselbe alte Geschichte bald wiederholen. Unserer Realität ins Auge zu sehen, ist der Anfang unserer Wiederherstellung. Es hat gar keinen Sinn, die Wahrheit verbergen zu wollen, weil in der Tiefe deines Wesens dieser bittere Geschmack des Versagens liegt. Dort liegt dieses Verlangen nach der Heiligkeit, die du nie in deinem Leben erreichen kannst, und ein Verlangen nach Sieg in deinem Leben als Christ.

Ist das Gefäß zerbrochen aufgrund mangelnden Geschicks des Töpfers? Hat Gott versagt? Jesaja hilft uns bei der Antwort auf diese Frage, als er sagt: „Oh eure Verkehrtheit! Soll denn der Töpfer dem Ton gleichgeachtet werden? – daß das Werk von seinem Meister sagt: Er hat mich nicht gemacht! – und ein Gebilde von seinem Bildner sagt: Er versteht nichts?“ (Jes. 29,16).

Wenn ein Kind geboren wird, stellen sich die Eltern die bestmögliche Zukunft für dieses Baby vor. Genauso hat Gott sich das Beste für dich vorgestellt. Du bist kein kosmischer Irrtum! Er hat dich erwählt, gerade so, wie du bist. Nicht weiser, reicher, hübscher oder wichtiger.

Stellen wir uns einmal einen Moment lang vor, was geschah. Der Töpfer legt den Ton auf die Scheibe und beginnt, ihn zu formen. Alles geht gut, bis er an eine bestimmte Stelle kommt, einen Sprung, eine Unvollkommenheit, die seinem Werk widersteht. Er fährt fort, den Ton zu formen, doch bei jeder Umdrehung der Scheibe trifft er auf dieses Ding, das ihn daran hindert, seine Arbeit auf zufriedenstellende Weise zu vollenden. Was ist das Problem? Ist es der Töpfer? Sein Verstand und seine künstlerischen Fähigkeiten sind intakt. Seine Fähigkeit zu formen ebenfalls. Das Problem ist der Widerstand von seiten des Tones.

Der Grund für unser Versagen

Wie Evelyn Christenson sagt: „Es gibt einen Punkt, an dem wir uns dem Willen Gottes widersetzen. Das ist der Punkt unseres Versagens." Wir versuchen, es zu vergessen, aber der Heilige Geist erinnert uns immer wieder daran und ruft es uns in Erinnerung. Das ist der Punkt, der Ort, wo mein Wille feststeckt. Es ist der Bereich in meinem Leben, wo ich die Herrschaft haben will und Gott nicht ans Ruder lasse.

Doch wenn wir uns vor ihm niederwerfen und uns seinem Willen voll und ganz unterordnen, dann nimmt uns der Töpfer und formt uns zu wunderschönen Gefäßen. Jakob ging ins Haus des Töpfers, und der Herr machte diesen Betrüger zu einem Diener, einem Israel, einem Prinzen Gottes. Petrus ging in dasselbe Haus, und er weinte bitterlich und demütigte sich vor Gott. Später erlebte er Pfingsten. Gottes Methoden haben sich nicht geändert. Er will genau dasselbe mit dir tun. Hat dein Leben einen bitteren Beigeschmack? Hat Frustration eine Kerbe in dein Leben geschlagen? Könnte es sein, daß du dich widersetzt, anstatt dich hinzugeben?

Ein Mangel an Vergebungsbereitschaft ist so ein Widerstandspunkt, der Gottes Plan zerstört. Wie viele Christen widerstehen dem Töpfer in diesem Bereich! Viele müssen erst alles verlieren, bevor sie schließlich den Grund für ihr Versagen herausfinden. Der Töpfer will jede Unreinheit, die sein Werk hindert, ans Licht bringen – sogar die, von der du gar nicht wußtest, daß sie existiert. Die Geschichte eines jungen Mannes aus unserer Gemeinde ist ein gutes Beispiel der Wirkungsweise Gottes:

„Mitte des Jahres 1990 wirkte Gott tief an mir. Ich leitete zu der Zeit jeden Montag in unsrer Gemeinde eine Gruppe von Teenagern. Ich rief einen der jungen Männer in meiner Gruppe an, weil Gott mir eine Last für ihn auferlegt hatte und ich den Eindruck hatte, daß etwas bei ihm nicht in Ordnung war. Seine Eltern waren seit zehn Jahren geschieden, und er war nicht darüber hinweggekommen. Obwohl er mit seiner Mutter und ihrem neuen Partner lebte, war die Wunde doch immer noch offen. Der Schmerz nahm zu an jenem Montag, als er seine Mutter am Telefon mit einem neuen „Freund" reden hörte, was ihm bestätigte, daß diese zärtlichen Blicke zwischen ihnen sie von seinem „zweiten Vater" wegzogen. Wir kamen überein, uns zeitiger in der Gemeinde zu treffen, um reden zu können.

Er war in Tränen aufgelöst, und es war schwierig für mich, in meiner Aufforderung , zu vergeben, fest zu bleiben. Wir weinten zusammen, als wir

Gott baten, ihn lieben und vergeben zu lehren. Dann dankten wir Gott und beteten ihn an.

Der Abend kam, und die Gegenwart des Heiligen Geistes bedeckte uns mit seinem Frieden. Die Gemeinde begann sich mit jungen Leuten zu füllen. Das Thema des Abends war Vergebung. Wir verabschiedeten uns, und ich ging mit meiner Frau nach Hause. Es war Montag ... aber nicht einfach ein gewöhnlicher Montag.

Nach dem Abendessen ging ich zu Bett. Im Radio lief ein Programm über das Vaterunser. Ich hörte genau zu. „Sprich mir nach," sagte der Pastor, „Vater unser im Himmel ..." Und so ging es weiter, bis er an den Satz kam: „Und vergib uns unsere Schuld, *wie auch wir vergeben unseren Schuldigern.*" Was als nächstes geschah, war zu erwarten gewesen. Motiviert durch meine vorherige Unterhaltung mit dem jungen Mann und besorgt darüber, wie schwer es ihm fiel zu vergeben, zeigte Gott mir ein Brett von Unvergebenheit, das ich achtzehn Jahre lang mit mir herumgeschleppt hatte. Als ich nachsprach: „Wie auch wir vergeben unseren Schuldigern", sah ich vor meinen inneren Augen, wie in einem Film, eine Szene zwischen meiner Mutter und mir. Als Resultat dieses Zwischenfalls war ich unfähig gewesen, ihr zu vergeben.

Als ich zwölf Jahre alt war, starb mein Vater. So wurde meine Mutter zur Witwe mit acht Kindern unter ihrer Obhut. Sie dachte nie an eine erneute Heirat, aber als ich ein Teenager war, gab es da einen Freund der Familie wie einen „Onkel", der uns besuchen kam und bis spät abends bei meiner Mutter blieb. Meine Brüder und Schwestern pflegten sie zu necken, aber ich fand das Ganze gar nicht lustig. In meinem Herzen war mein Vater unersetzlich. Wenn ich auch sagte, meine Mutter solle wieder heiraten, hatte ich doch den Tod meines Vaters noch nicht akzeptiert. Eines Abends gingen wir alle zu Bett, aber ich konnte nicht schlafen. Ich war neugierig, worüber wohl meine Mutter und mein „Onkel" dort unten in der Küche sprachen. So ging ich ganz leise nach unten. Die Tür war verschlossen, und so sah ich durchs Schlüsselloch. Ich sah, wie sie sich küßten. Es war, als würde mir jemand ein Messer ins Herz treiben. Dieses Bild blieb tief in meinem Sinn verankert, zusammen mit Bitterkeit, Zorn und Unvergebenheit. Ich sagte niemals jemandem etwas davon. Es blieb einfach nur tief in meinem Herzen. In dem Augenblick veränderte sich mein Leben grundlegend. Ich wurde rebellisch. Obwohl ich in der Schule der Klassenbeste war, wurde ich doch zu Hause zum Schrecken der Nachbarschaft. Mein Leben bestand nur noch aus Drogen, Alkohol und Schlamperei.

Der Schmerz des jungen Mannes in der Gemeinde und seine Fähigkeit, ihn auszudrücken, brachte meine ungeheilten Wunden wieder hoch. „Und vergib uns unsere Schuld, wie auch wir vergeben unseren Schuldigern." Ich wiederholte es immer und immer wieder in meinem Verstand, während ich diese alte Szene durch den Rahmen des Schlüsselloches sah. Ich weinte und weinte und weinte. Und währenddessen wurde eine schwere Last von meinen Schultern genommen. Ich vergab meiner Mutter für etwas, was sie nie getan hatte, für etwas, was ich nicht hatte vergeben wollen. Die Tränen wurden zu Freude und Frieden und Liebe.

Ich habe viel gelernt in letzter Zeit. Wer nicht vergibt, zerstört die Brücke, die Gott benutzt, um zu uns zu kommen."

Ich habe diese Geschichte absichtlich erzählt, damit du verstehst, wie beharrlich der Heilige Geist jene Bereiche in unserem Leben offenbart, wo wir uns der Hand des Töpfers widersetzen. In diesem speziellen Fall finden wir ein sensibles Herz, das bereit ist zu vergeben. Doch einige Leute reagieren auf die Berührung der Hand des Töpfers mit Verhärtung ihres Herzens und enden in Zerstörung.

Das Ende deines Versagens

Das Ende deines Versagens hat einen Namen: der Heilige Geist. Der Töpfer ist bereit, die Arbeit wieder aufzunehmen, um sein vollkommenes Werk in all denen zu vervollständigen, die bereit sind, sich ihm ganz hinzugeben. Wir müssen dem Herrn erlauben, seinem Willen gemäß an uns zu handeln. Bete diese Worte der Hingabe:

> *Du bist der Töpfer; ich bin der Ton. Ich möchte weich und demütig sein. Dein Wille geschehe in mir. Prüfe mein Herz, o Herr; wasche mich rein von allem Bösen, so daß ich wahrhaftig dein sein kann. Handle an mir deinem Willen gemäß; heile meine Wunden und meinen Schmerz. Dein, o Herr, ist die Kraft; strecke deine Hand aus und heile mich. Salbe mich mit deinem Heiligen Geist, o Meister meines Lebens, damit die Welt Christus in mir sehen kann.*

Wenn du diese Worte sprichst, sagt Gott möglicherweise zu dir: „Und wie steht es mit diesem Gebiet in deinem Leben, wo du dich meinem Willen widersetzt hast?" Antworte ihm mit folgenden Worten:

„Es gehört dir, Herr; ich gebe es dir, ein für allemal."

Dann wird dein Leben wiederhergestellt und so verändert werden, daß Gottes Traum, sein Design, in dir erfüllt wird.

Natürlich wird der Teufel versuchen, deine Hingabe zu verhindern. Er wird dir sagen: „Nun sei doch nicht so fanatisch. Wenn du dich hingibst, wirst du ein unterdrückter und verbitterter Mensch werden. Du wirst alles verlieren, was du hast." Das ist eine Lüge. Stell dir vor, du hast ein ungehorsames Kind, das sagt: „Von jetzt an werde ich dir in allem gehorchen. Ich werde tun, was auch immer du von mir möchtest." Würdest du auch nur auf den Gedanken kommen zu denken: *Nun, wo ich mit ihm tun und lassen kann, was ich will, werde ich es quälen und leiden lassen, es unterdrücken und zwingen, all die Dinge zu tun, die es nicht ausstehen kann, damit es nur so richtig schön unglücklich ist?* Natürlich nicht.

Wenn mein Sohn mit solchen Worten zu mir käme, würde ich meiner Frau sagen: „Betty, unser Sohn will uns in allen Dingen gehorchen! Was sind die guten Dinge, die ihn glücklich machen? Ich möchte ihn ermutigen, genau diese zu tun. Gibt es etwas, was ihm schadet? Das muß er aufgeben, aber wir werden ihm helfen, damit er nicht unnötig verletzt wird."

Auch meine Frau würde sagen: „Ja, Claudio, wir werden alles nur Mögliche tun, um sein Leben schön zu machen." Würdest du nicht genau dasselbe tun? Wenn nun wir, die wir böse sind, unseren Kindern gute Gaben zu geben wissen, wieviel mehr wird unser Vater im Himmel für uns tun?

Der Schlüssel ist Gehorsam. Wir müssen sein wie die Asche, die nach einem Feuer übrigbleibt. Asche fliegt mit dem Wind und folgt gehorsam seiner Richtung. Genau so sollten wir sein. Das Feuer Gottes muß uns geistlich verzehren, bis wir nichts mehr sind als Asche, bis nichts mehr da ist, was seinem Willen widersteht. Dann können wir ihm sagen: „Herr, ich bin nichts als Asche. Hauche deinen Heiligen Geist auf mich, und ich werde gehen, wohin auch immer du mich sendest."

Das Geheimnis für ein siegreiches Christenleben ist ganz einfach. Das Christenleben besteht darin, Gott zu erlauben, uns zu tragen und zu führen. Es heißt, dem Heiligen Geist Gottes zu erlauben, uns zu leiten, zu steuern und zu beherrschen. Es geht um eine Veränderung. Nicht länger lenkst du alles; du erlaubst dem Herrn, dich zu tragen, wie auch immer er will, wann er will, wohin er will und wozu er will.

Charles Finney, einer der Schlüsselmänner Gottes in der Erweckungsgeschichte, sagte: „Erweckung ist nichts anderes als ein Neuanfang mit Gott … es geht um Zerbrochenheit des Herzens, sich vor Gott zu beugen in tiefer Demut, und alle Sünde hinter sich zu lassen." Das ist wahr, nicht nur kollektiv gesehen oder im Leben einer Gemeinde, Stadt oder Nation. Es ist auch wahr für unser persönliches Leben. Damit Erneuerung und Wiederherstellung in unserem Leben stattfinden kann, müssen wir einen Neuanfang in unserer Beziehung mit Gott erleben. Laß unsere Herzen zerbrochen werden, und beugen wir uns in seiner Gegenwart in vollkommener Demut; legen wir allen Stolz und Widerstand ab, und lassen wir jede Sünde hinter uns.

Damit in deinem Leben Wiederherstellung geschehen kann, mußt du Gott die absolute Herrschaft geben. Er will ein souveränes Werk in deinem Leben tun. Er will seinen Willen in dir zustandebringen, so daß sein vollkommenes Design in deinem Leben erreicht werden kann.

Arthur Wallis nennt eine Erweckung „Gottes Eingreifen in den normalen Lauf der geistlichen Dinge". Es ist die Offenbarung Gottes dem Menschen gegenüber in feierlicher Heiligkeit und unwiderstehlicher Kraft. Es ist solch ein manifestes Eingreifen Gottes, daß menschliche Persönlichkeiten sich im Schatten verlieren und menschliche Programme aufgegeben werden. Der Mensch tritt in den Hintergrund, weil Gott auf die Szene gekommen ist. Gott bewegt seine mächtige Hand und tut erstaunliche Dinge für Heilige wie auch für Sünder.

Wir alle wollen persönliche Wiederherstellung, Erneuerung in der Gemeinde und eine Massenbekehrung Ungläubiger. Wir alle wollen Erweckung. Doch sind wir bereit, den Preis zu bezahlen? Sind wir bereit, uns nicht länger zu widersetzen und uns den Händen des Töpfers hinzugeben, so daß er sein Werk in uns tun kann?

Wenn eine Armee besiegt wird, muß ihr Anführer eine grundlegende Entscheidung treffen – Widerstand oder Ergebung. Wenn wir erkennen, daß wir versagen, legt Gott uns dieselbe Entscheidung vor – Widerstand oder Ergebung. Der Unterschied liegt darin, daß in Gottes weisen Designs Ergebung dem Sieg gleichkommt, während Widerstand uns unabwendbar in die Niederlage führen wird. Höre auf, dich zu widersetzen, und gib dich dem Herrn hin. Der Töpfer streckt seine durchbohrten Hände nach dir aus und sagt: „Laß mich meine Hände an dich legen, um dich neu zu formen."

Ich möchte dich in ein Gebet leiten, das dein Leben verändern wird. Während du es liest, sprich es laut aus. Sprich die Worte nicht, als seien es magische Worte oder ohne mitzudenken, was sie bedeuten. Das wäre nutzlos. Sprich sie so, als kämen sie aus deinem tiefsten Inneren. Sprich sie mit deinem ganzen Herzen. Bete mit Aufrichtigkeit. Beschränke dich nicht auf diese wenigen Zeilen, sondern laß den Heiligen Geist für dich beten mit unaussprechlichen Seufzern. Laß ihn dein Gebet lenken und dein Herz vor dem Gnadenthron des Herrn enthüllen.

> *Himmlischer Vater,*
> *ich liebe dich. Ich komme vor dich voller Buße. Ich tue Buße für jede einzelne meiner Sünden. Ich tue Buße dafür, daß ich dir nicht erlaubt habe, mein Leben zu bestimmen. Ich tue Buße dafür, daß ich mich deinem Willen widersetzt habe. Ich tue Buße, daß ich in deinen Händen hart geworden bin und Deine weisen Hände daran gehindert habe, mich deinem Willen gemäß zu formen. Ich tue aufrichtig Buße. Bitte vergib mir, mein geliebter Herr. Ich übergebe dir die Herrschaft über mein Leben, und ich gebe mich dir vollständig hin. Göttlicher Töpfer, forme mich, wie du willst. Tu mit mir, was auch immer du willst, Herr.*

Nun laß dich vom Heiligen Geist weiter ins Gebet führen. Lauf nicht weg von seiner Gegenwart. Bleibe vor ihm. Wenn du keine Worte mehr zu sagen hast, bleibe einfach still und erwarte von ihm, dass er zu dir spricht. Er will etwas in dir tun, weil du zurückgekommen bist in die Hände des Töpfers.

11. Heilige Gefäße

> Und die Leiber der Leute sind heilig. War das noch ein gewöhnliches Unternehmen, wieviel mehr werden sie heute an ihrem Leib heilig sein! 1. Samuel 21,5

In dieser Illustration aus 1. Samuel Kapitel 21 kommt David nach Nob auf der Flucht vor der Verfolgung Sauls. Ahimelech, der Priester, ist dort, und David bittet ihn um etwas zu essen für sich und seine Männer. Der Priester, überrascht von seinem Besuch, sagt ihm, das einzig verfügbare Brot sei das heilige Brot, das er gern Davids Männern geben würde, wenn sie gereinigt seien. David sagt ihm, daß seine Männer, obwohl ihre Reise nicht eine militärische Angelegenheit war, sich schon geheiligt hatten.

Im Gesetz gab es eine Klausel, daß niemand, der unrein war, in den Kampf ziehen durfte. 5. Mose 23,9 lautet: „Wenn du gegen deine Feinde ins Kriegslager ausziehst, dann sollst du dich vor allem Bösen hüten." Der Sieg im Kampf war direkt abhängig von dem Maß an Reinigung und Heiligung des Volkes.

Heiligung ist ein permanentes und universelles Gebot. Es ist nicht etwa eine temporäre Modeerscheinung. Heiligkeit war schon immer die größte Herausforderung an die Gemeinde und wieviel mehr in der Endzeit! Wir kommen in die letzte Erweckung der Geschichte. Dies ist die Zeit unserer letzten Konfrontation mit den Mächten der Finsternis. Gott kann uns nicht gebrauchen, wenn wir nicht geheiligt sind. Wenn wir heilige Gefäße sind, wird der Feind nicht gegen uns bestehen können.

John Wesley, jener große Gottesmann, der von Gott so mächtig in großen Erweckungen gebraucht wurde, sagte einmal: „Was hindert das Wirken Gottes? Ich glaube, wir sind es. Wenn wir heilig wären, ganz und gar Gott hingegeben, wären wir Prediger dann nicht voller Feuer und würden dieses Feuer durch die ganze Nation verbreiten?"

Bevor er die Stimme Gottes hörte, die ihn rief, den Nöten des Volkes zu begegnen, wurde der Prophet Jesaja mit seiner eigenen Sünde konfrontiert. Er sah den Herrn in all seiner Herrlichkeit, und er nahm das nicht auf die leichte Schulter, sondern brach zusammen und bekannte seine Sünde. Es gibt kein größeres Hindernis für die Offenbarung der Kraft Gottes und das Überwinden der Mächte des Bösen als Sünde.

Wir müssen nicht nur heilig sein, um gegen die Mächte des Bösen zu kämpfen, sondern wir müssen auch gegen die Mächte des Bösen kämpfen, um heilig zu sein. Das ist kein bloßes Wortspiel. Ich möchte mit dir eine Geschichte betrachten, die in Josua 9,3-15 zu finden ist. Sie wird dir helfen, zu verstehen, wie nötig Wachsamkeit ist, wenn wir für unsere Heiligkeit kämpfen.

Wenn wir den Feldzug Israels analysieren, können wir sehen, wie sorgfältig Josua die Eroberung Kanaans plante. Er begann damit, von Jericho aus einen Keil hineinzutreiben nach Westen, ins Zentrum des Landes, mit der Absicht, den Widerstand des Feindes zu spalten. Dann wandte er sich nach Süden, um den Feind in dieser Richtung zu zerstören, und machte schließlich ein Ende mit dem Widerstand im Norden. Es war ein akkurat geplanter militärischer Feldzug.

Das Problem ist, daß wir diese Zeilen einfach als simple Erzählungen aus der Geschichte Israels lesen. Obwohl das Geheimnis zum Gewinnen eines Krieges in seiner Strategie liegt, wenden wir oft nicht die Strategie Gottes auf unser tägliches Leben an. Wenn wir durch unser Leben schlendern und völlig ignorieren, wer unser Feind ist, oder nicht erkennen, daß wir mitten im Kampf stehen und Strategie brauchen, verpassen wir das Ziel.

Wir müssen den Schlichen Satans gegenüber wachsam sein. Er ist nicht nur unser Feind, er ist auch ein meisterhafter Stratege. Er ist nicht nur ein brüllender Löwe (1. Petr.5,8), sondern auch eine schlaue Schlange (2. Kor.11,3). Wir mögen bereit sein, einem brüllenden Löwen gegenüberzutreten, aber nicht einer Schlange, die uns auf äußerst subtile Weise verführt.

Dieser Abschnitt im Buch Josua kann uns als Illustration dienen, wie subtil der Feind tatsächlich sein kann und wie leicht wir ausgetrickst werden können. Er zeigt auch, wie Gottes Allmacht trotz unserer Fehler alles zu seiner Ehre verwendet. Nach den vielen Siegen der Israeliten bereiteten ihre Feinde sich auf einen großen Gegenangriff vor:

> Und es geschah, als alle Könige es hörten, die jenseits des Jordan waren, auf dem Gebirge und in der Niederung und an der ganzen Küste des großen Meeres in Richtung zum Libanon hin, nämlich die Hetiter und die Amoriter, die Kanaaniter, die Perisiter, die Hewiter und die Jebusiter: da versammelten sie sich allesamt, um einmütig gegen Josua und gegen Israel zu kämpfen. Josua 9,1-2

Jeder gewonnene Kampf im persönlichen Leben eines Christen ist eine offene Einladung an den Feind zum Gegenangriff. Wann immer ein wahres Kind Gottes einen Segen erlebt, kann es einen Angriff Satans erwarten. Unsere Segnungen und unsere Kämpfe gehen Hand in Hand. Wenn du vom Feind umzingelt bist und dich im Zentrum des Kampfes befindest, dann preise den Herrn! Wenn die Versuchung fast stärker ist, als du ertragen kannst, freue ich mich. Wenn du niedergedrückt bist von Versuchungen rings um dich herum, dann deshalb, weil du im Willen Gottes vorangehst.

Wenn im Gegensatz dazu Satan dich jahrelang nicht angegriffen hat, ist es höchste Zeit, dich vor dem Herrn zu beugen, damit er dir sagen kann, was bei dir nicht stimmt. Dein Leben mag so festgefahren sein, daß der Teufel sich nicht einmal für dich interessiert.

Beim Lesen dieses Kapitels wirst du besser verstehen, wie Satan uns angreift, um uns von einem Leben in Heiligkeit abzuhalten.

Die Strafe des Feindes besteht darin, uns zu einem Bündnis mit ihm zu bewegen

Anstatt Israel anzugreifen, entschieden sich die Leute von Gibeon dafür, Israel zu überlisten, ein Bündnis mit ihnen zu schließen. Die Gibeoniter kamen in Gilgal an und gaben vor, von einem weit entfernten Ort zu kommen, einem Ort außerhalb der Autorität Josuas. Sie trugen geflickte Sandalen, alte, schmutzige Kleidung und zerrissene und geflickte Weinschläuche. Das wichtigste Element ihrer ganzen Strategie bestand in der Erklärung, sie würden den Gott der Israeliten zutiefst respektieren, ehren und an ihn glauben.

Das ist typisch für die Vorgehensweise Satans. Er weiß sehr gut, daß ein hingegebener Christ nicht auf einen frontalen Angriff hereinfallen wird.

Er weiß, daß ein Kind Gottes, das mit dem Herrn geht und auf gesegnetem Boden steht, immer wachsam sein und nicht auf einen offenen Angriff hereinfallen wird. Was tut Satan also? Er spricht über mögliche Bündnisse: „Schließt mit uns einen Bund" (Jos. 9,6).

Es ist offensichtlich, daß bei jedem Bündnis jede Seite die Bedingungen der anderen Seite akzeptiert und darauf eingeht. In diesem Falle sind sie gar nicht wichtig; im Vergleich zu unserer Hingabe dem Herrn gegenüber scheinen sie null und nichtig zu sein. Er fordert uns bezüglich unserer völligen Hingabe an Gott heraus, indem er sagt: „Ach komm, nimm es doch nicht ganz so ernst. Sei doch nicht so engstirnig und enthusiastisch. Nun werde bloß nicht fanatisch." Tatsächlich versucht er anzudeuten, gewisse Bereiche unseres Lebens seien nicht unter Jesu Autorität.

Es ist wichtig zu wissen, daß der Teufel immer vorgibt, an Gott zu glauben. Die Bibel sagt, „sogar die Dämonen glauben ... und zittern" (Jak. 2,19).

Was sind seine Bedingungen in dem Bündnis? Er schlägt vor, wir sollten doch in Geldsachen etwas praktischer sein und in unserem Finanzverhalten pragmatisch, anstatt Gott zu gehorchen. Im Bezug auf Liebe sagt er, alles, was zählt, seien unsere Gefühle und die Menschen, die wir mögen. Es sei doch nicht so wichtig, ob er oder sie Christ ist. Das einzig Wichtige sei, daß du diese Person magst und etwas für ihn oder sie empfindest.

Kannst du sehen, was ich meine? Wenn du wirklich ein Christ bist, wird der Teufel dich nicht offen angreifen, sondern versuchen, Bündnisse mit dir zu schließen. Wenn du ein Geschäft hast, wird er versuchen, es aus der Unterordnung an die Herrschaft Gottes herauszuholen. Er wird auch versuchen, junge Leute, die eine Beziehung eingehen, davon abzuhalten, Jesus Christus zum Herrn ihres Gefühlslebens zu machen. Er wird in ihre Ohren flüstern: „Mach nur, mach dir keine Sorgen. Er oder sie wird schließlich Christ werden." Und er wird seine Einflüsterungen sogar mit Bibelversen bestätigen wie: „Du und dein Haus werdet errettet werden." Er gebraucht für seine Angriffe immer Halbwahrheiten. Zweifellos besteht die Möglichkeit, daß diese Person Christ wird, aber nicht notwendigerweise. Diese Verheißung, wie alle biblischen Verheißungen, ist an die Bedingung unseres Gehorsams dem Willen Gottes gegenüber gebunden.

In der Gemeinde ist es genau dasselbe. Er sagt uns, wir sollten doch praktisch sein und die Bibel nicht so ernst nehmen, wir sollten doch gesunden Menschenverstand walten lassen. Doch die Bibel sagt: „Glaubt nicht jedem Geist, sondern prüft die Geister, ob sie aus Gott sind" (1. Johannes 4,1).

Wir müssen wachsam sein gegenüber den Schlichen Satans. Er will Bündnisse mit uns schließen, um uns davon abzuhalten, vollkommen heilig zu sein.

Die Strategie des Feindes baut auf unsere Dummheit

Der Teufel versucht uns, aber wir sind diejenigen, die für unseren Fall verantwortlich sind. Wir können uns nicht hinter der Aussage verschanzen: „Nun, es war Satan, der mich versucht hat. Er ist ja so schlau…“ Wir sind verantwortlich. Der folgende Vers ist sehr wichtig: „Da nahmen die Männer von ihrer Wegzehrung. *Den Mund des Herrn aber befragten sie nicht*“ (Jos. 9,14; Schrägdruck hinzugefügt).

Anscheinend können wir einfach nicht verstehen, wie lebenswichtig es ist, unsere Bibel zu lesen und zu beten. Wenn wir das nicht tun, treffen wir auf Schwierigkeiten, und der Geist der Unterscheidungsfähigkeit wird zerstört. Die Stimme des Mietlings klingt sehr ähnlich wie die Stimme des Hirten. Satan verkleidet sich als Engel des Lichts, um uns zu verwirren, zu verführen und wegzuziehen von echter Hingabe in Heiligung an den Herrn.

Leider haben viele Christen zu spät erkannt, daß die Dinge, die so unwichtig schienen, ihr Leben ruiniert haben. Wie die Bibel sagt: „Fangt uns die Füchse, die kleinen Füchse, die die Weinberge verderben! Denn unsere Weinberge stehen in Blüte“ (Hoheslied 2,15). Es sind nicht die großen Dinge in unserem Leben, die unsere Beziehung zu Gott zerstören, sondern die kleinen Füchse. Sie sind diejenigen, die die Weinberge ruinieren. Diese unwichtigen Dinge sind das, was uns verunreinigt und daran hindert, in Heiligkeit zu leben.

Diese Dinge, die uns insignifikant erscheinen, sind eine kleine offene Tür für Satan. Bleibt sie offen, so kommt er mit überzeugenden Worten herein, und wir fallen. Viele leben in Versagen, weil sie nicht den Herrn befragt haben! So viele Christen enden in Bankrott, nachdem sie Geschäftsverträge mit Ungläubigen abgeschlossen haben! So viele schließen ein Bündnis mit einem Ungläubigen und heiraten. Den Rest ihres Lebens leiden sie dann darunter, daß sie es nicht geschafft haben, das Ideal eines Christen auszuleben, oder weil sie mit ihrem Partner nicht das teilen können, was sie am meisten lieben. Sie weinen und stöhnen um die Bekehrung ihres Partners, nachdem sie vierzig Jahre mit einer Person gelebt haben, die sie nicht darin unterstützt, den Herrn anzubeten und ihm zu dienen!

Wir beginnen, den Herrn zu befragen, indem wir uns seinem Wort zuwenden. Die Bibel ist nicht nur dazu da, bewundert, auswendig gelernt oder für ihre Weisheit gelobt zu werden. Die Bibel ist die Stimme Gottes, und wir müssen ihr gehorchen. Wenn wir in ihr nicht die Antwort finden, die wir für unsere augenblickliche Situation brauchen, dann befragen wir Gott durch Gebet. Gebet und Bibellesen gehören immer zusammen, wenn wir Gottes Stimme hören wollen. Christen, die nicht die Bibel lesen und beten, hören auf die Stimme des Teufels oder auf die Stimme ihres eigenen Herzens.

Wenn Christen auf der ganzen Welt mich fragen: „Pastor Claudio, was muß ich tun, wenn ich eine Entscheidung in meinem Leben zu treffen habe?", dann lautet meine Antwort für gewöhnlich: „Vertraue nicht deinem eigenen Verstand." Dein gesunder Menschenverstand mag anzudeuten scheinen, daß ein gewisser Weg gut wäre, und so mag es auch sein. Es ist aber auch möglich, daß der Weg des Segens unserem gesunden Menschenverstand genau entgegengesetzt ist.

Im Jahre 1985 sprach Gott zu mir durch eine Vision und trug mir auf, meinen Dienst in Parque Chás aufzugeben und eine neue Gemeinde in dem aristokratischen Stadtviertel Belgrano in der Stadt Buenos Aires zu gründen. In dem Augenblick schien sein Wille für mein Leben keinerlei Sinn zu machen. Nach so vielen Jahren des Säens auf trockenem Boden war unsere kleine Gemeinde endlich voller Menschen und gesalbt vom Heiligen Geist. Und nun forderte Gott uns auf umzuziehen? Es machte keinerlei Sinn. Nicht einmal meine Angehörigen konnten es verstehen. Doch Gott hatte klar zu mir gesprochen.

Eines Morgens weckte er mich plötzlich und zeigte mir eine Vision an der Wand. Ich sah einen Park in Belgrano namens Plaza Noruega. In der Vision war der Park voller Menschen, die eine Evangelisation abhielten. Der Herr sagte mir: „Das ist dein neues Arbeitsgebiet." Es war eine sehr schwierige und herausfordernde Situation für mich. Niemand sonst hatte diese Vision empfangen. Doch ich entschied mich, meinen Überzeugungen treu zu bleiben.

Ich plante eine Evangelisation für diesen Park. Die Evangelisation war sehr erfolgreich. Hunderte von Menschen wurden errettet, und Zeichen und Wunder begleiteten ihre Zeugnisse. So etwas hatte ich noch nie erlebt.

So wurde die Gemeinde „König der Könige" in Belgrano geboren. Heute hat sie über sechstausend Mitglieder. Sie hat auch einen mächtigen

Erweckungs- und Evangelisations-Dienst, der in alle Welt gegangen ist. Wahrhaftig, Gottes Wille ist wohlgefällig und vollkommen! Doch er muß gefunden werden, nicht durch unseren Verstand oder menschliches Verständnis, sondern auf unseren Knien.

Es ist sehr wichtig, Gottes Stimme zu kennen. Wenn wir Stimmen hören, die uns sagen, wir sollten augenblicklich handeln, müssen wir zuerst den Herrn befragen. Wenn noch Zweifel bleiben, laß uns still abwarten. Wenn uns aufgetragen wird zu handeln, aber wir haben nicht gebetet, laß es uns nicht tun. Wir sollten nie auch nur das Geringste tun, solange nicht der Friede Gottes bestätigt, was wir tun sollten.

Sei stark und mutig genug, still zu sein und auf Gott zu warten, weil diejenigen, die auf den Herrn harren, nie zuschanden werden (Ps. 25,3).

Die Strategie des Feindes besteht darin, uns zu überzeugen, dass wir für immer besiegt sind

Beim Lesen dieses Kapitels hast du vielleicht bemerkt, daß du einen Fehler gemacht hast, daß du in deinem Geschäft und in deiner Ehe Bündnisse eingegangen bist, und daß du deshalb heute leidest. Gleichzeitig denkst du vielleicht, es sei jetzt zu spät, es gäbe keine Lösung mehr. Ich möchte dir sagen, das ist eine Lüge des Feindes. Es ist Teil seiner Strategie, den Christen dazu zu bringen, Fehler zu machen, damit er ihm dann ins Ohr flüstern kann: „Es ist zu spät. Du bist besiegt."

Sieh dir einmal Vers 21 von Josua 9 an: „Und die Fürsten sagten zu ihnen: Sie sollen am Leben bleiben. Und sie wurden Holzhauer und Wasserschöpfer für die ganze Gemeinde, wie die Fürsten ihnen zugesagt hatten." Ich finde das wunderbar. Wir können Schlachten verlieren. Wer tut das nicht? Wir mögen Fehler machen. Unser Gefäß mag zerspringen. Doch das letzte Wort hat der Herr. Halleluja!

Die Gibeoniter mußten für die Israeliten Holz hacken für das Feuer auf dem Altar und Wasser tragen, das in den Tempelritualen benutzt wurde. Die Verführer wurden in solcher Weise gedemütigt, daß sie das Feuer auf dem Altar anzünden und zum Mittel der Reinigung für die Anbetung Gottes herhalten mußten.

Wenn irgend möglich, brich gerade jetzt jedes Bündnis, das du im Ungehorsam Gott gegenüber eingegangen bist.

Ganz offensichtlich kann ein Christ, wenn er ein Ehebündnis mit einem Gibeoniter eingegangen ist, es nicht einfach brechen. Was sollten wir in diesem Falle tun? Die Bibel sagt: „Den übrigen aber sage ich, nicht der Herr: Wenn ein Bruder eine ungläubige Frau hat und sie willigt ein, bei ihm zu wohnen, so entlasse er sie nicht. Und eine Frau, die einen ungläubigen Mann hat, und er willigt ein, bei ihr zu wohnen, entlasse den Mann nicht ... Denn was weißt du, Frau, ob du den Mann erretten wirst? Oder was weißt du, Mann, ob du die Frau erretten wirst?" (1. Kor. 7,12-16)

Das heißt, wir sollen unsere Verpflichtung nicht abschütteln. Doch die Bibel lehrt auch, wenn wir in Demut kommen und zugeben, daß wir ungehorsam waren, daß wir gesündigt haben, wird der Herr die Gibeoniter zu den Werkzeugen machen, durch die wir im Gebet näher zu Gott kommen. Wenn wir sie in aller Aufrichtigkeit bekannt haben, wird Gott diese Sünde in unserem Leben dazu gebrauchen, unser Gebetsleben zu stärken und unsere Hingabe zu vertiefen. Wenn das deine Situation ist, kannst du folgendermaßen beten:

Herr,
meine Fehler und mein Ungehorsam tun mir leid. Ich glaube, daß du die Jahre zurückerstatten kannst, die die Heuschrecken gefressen haben. Ich werde Satan nicht erlauben, mich niederzumachen und zu versklaven. Ich will diese „Gibeoniter" als Werkzeuge nutzen, die mich dir im Gebet näher bringen. Ich vergesse, was hinter mir liegt, und werde alles daran setzen, von nun an deinen Willen zu tun.

Möge Gott dir erkennen helfen, wie viele andere Christen erkannt haben, daß genau die Dinge, die du falsch gemacht hast, zu den Dingen werden können, die dich täglich an das Kreuz Jesu Christi bringen. Gott kann die Sünde, die uns gefangenhielt, zu dem Werkzeug machen, das uns ihm näherbringt.

Unser Kampf um Heiligkeit ist nicht gegen Fleisch und Blut, sondern gegen Satan. Laß uns unseren Feind erkennen. Laß uns wissen, daß wir mitten in einem Kampf stehen, und seine Strategien in Betracht ziehen. Laß uns ihn überwinden in der Kraft des Heiligen Geistes durch ein Leben, das Gott vollkommen hingegeben ist. Laß uns heilige Gefäße in der Hand des Töpfers sein. Dann werden wir nicht nur heilig sein, sondern wir werden in den Kampf ziehen in der Bereitschaft, unseren Feind zu überwinden, damit die Welt unseren Herrn kennenlernen kann.

12. Wiederhergestellte Gefäße

> Wenn aber Gott, obwohl er seinen Zorn erweisen und seine Macht kundtun wollte, mit vieler Langmut die Gefäße des Zorns ertragen hat, die zum Verderben zubereitet sind … Röm. 9,22

Wiederherstellung ist nicht etwas, was in einem Augenblick geschieht. Der Töpfer wird unser Leben einem langen Formungsprozeß unterziehen.

Wenn wir unser Bedürfnis nach Wiederherstellung zugeben und uns in seine Hände legen, nimmt Gott unsere Absicht sehr ernst und beginnt uns zu formen. Wenn wir ganz ihm hingegeben sind, wird unser gesamtes Leben wiederhergestellt werden – nicht nur ein Aspekt davon.

Weil mir wichtig ist, daß du diesen Prozeß verstehst, werde ich dir eine spezifische Situation erzählen, die in der Bibel in 2. Chronik 33 zu finden ist. Ich wähle die Geschichte dieses Königs von Juda als Beispiel, weil sein Leben eines der schlimmsten Leben war, die wir nur finden können. Es ist die Geschichte einer Person, die durch ihre Sünde wirklich tief gefallen ist. Ich möchte dich sehen lassen, daß es ganz egal ist, wie tief wir fallen – solange wir bereit sind, uns in die Hände des Töpfers zu legen, nimmt er uns so, wie wir sind, und stellt uns wieder her. Wenn er es mit Manasse getan hat, wieviel mehr wird er es mit uns tun?

Manasse trat seine Herrschaft an, als er erst zwölf Jahre alt war, und er regierte fünfundfünfzig Jahre lang. Der Chroniker teilt seine Herrschaft in zwei Teile auf. Im ersten war Manasse erfüllt von nichts anderem als Sünde und schlechten Taten. Der biblische Schreiber faßt diese Periode grob zusammen mit den Worten: „Und er tat, was böse war in den Augen des Herrn, nach den Greueln der Nationen, die der Herr vor den Söhnen Israel vertrieben hatte" (V. 2). Sein Verhalten stand in starkem Kontrast zu dem Verhalten seines Vaters Hiskia. Nach David war Hiskia der gottesfürchtigste aller Könige von Juda. Manasse, sein Sohn, wurde der heidnischste von allen.

Manasses Fall

Die Beschreibung seiner Herrschaft ist sehr barsch. Das Wort Gottes sagt, er befolgte die Praktiken der Kanaaniter. Seine Herrschaft war der extremste Ausdruck von Heidentum: „Und er baute die Höhen wieder auf, die sein Vater Hiskia niedergerissen hatte, und errichtete Altäre für die Baalim und machte Ascherim und warf sich nieder vor dem ganzen Heer des Himmels und diente ihnen“ (V. 3).

Sein Vater Hiskia hatte die Höhen niedergerissen (2. Kö. 18,4). Doch Manasse baute sie wieder auf und errichtete sogar Altäre für die Baalim und die Ascherim. Er betete das ganze Heer des Himmels an und führte Juda in die ganze assyrische Götterwelt ein – das Heer des Himmels, die Sonne, den Mond, die Göttin Ishtar und all die anderen Mitglieder dieser Astralreligion.

Als wäre das nicht genug, tat Manasse noch mehr: „Und er ließ seine Söhne durchs Feuer gehen im Tal Benhinnom, und er trieb Zauberei und Beschwörung und Magie und ließ sich mit Totengeistern und Wahrsagegeistern ein“ (2. Chr. 33,6). Nicht nur errichtete er Altäre in Gottes Tempel, er opferte seine eigenen Söhne im Feuer. Er ließ sie durchs Feuer gehen, gemäß einem typisch kanaanitischen heidnischen Ritual. Die Kanaaniter töteten ihre Söhne und verbrannten sie als Brandopfer ihrem Gott Moloch.

Er praktizierte Wolkenlesen und die Interpretation ihrer verschiedenen Formen, um die Zukunft vorauszusagen. Natürlich hatte Gott diese Praktiken verboten. Es war dasselbe wie Astrologie und Wahrsagerei, beides Praktiken, die in 5. Mose 18,9-14 und 3. Mose 19,26-31 verdammt werden. Er praktizierte Nekromanzie, die Heraufbeschwörung der Totengeister, streng verboten von Gott in 5. Mose 18,11. Er praktizierte auch verschiedene Arten von Magie.

Gottes Bericht über Manasse sagt, daß er alle Grenzen des Bösen überschritt: „Er tat viel, was böse war in den Augen des Herrn, um ihn zum Zorn zu reizen“ (2. Chr. 33,6). Er plazierte das Götterbild des Götzen, den er gemacht hatte, *in Gottes Tempel.* Es war eine Statue von Aschera und ihren Begleitern, die männliche und weibliche religiöse Prostitution repräsentierten (siehe 2. Kö. 23,7).

Nicht nur trieb er seine bösen Taten zum Extrem, sondern „Manasse verführte Juda und die Bewohner von Jerusalem, mehr Böses zu tun als die Nationen, die der Herr vor den Söhnen Israel ausgetilgt hatte“ (2. Chr. 33,9). Ein solches Maß an Heidentum und Moralverfall veranlaßte die Priester und Propheten zu einer Reaktion, und sie verkündigten die Strafe, die Jerusalem treffen würde. Doch anstatt auf die Ermahnung der Propheten zu hören, erstickte Manasse diese Stimmen in Blut (2. Kö. 21,16). Die Tradition sagt, daß sich unter seinen unschuldigen Opfern auch Jesaja befand, der möglicherweise auf Befehl des Königs in zwei Teile gesägt wurde und so den Tod fand (Heb. 11,37).

Aufgrund von Manasses Bosheit und Ungehorsam brachte Gott Gericht gegen ihn und sein Volk: „Da ließ der Herr die Heerobersten des Königs von Assur über sie kommen. Und sie nahmen Manasse gefangen und banden ihn mit ehernen Fesseln und führten ihn nach Babel“ (2. Chr. 33,11).

Er war wirklich ein böser König, der gottloseste in der ganzen Geschichte Judas, beherrscht von den Mächten des Bösen, fähig zu jeder Art von Götzendienst, Okkultismus, Satanismus, Mord, einschließlich des rituellen Mordes an seinen eigenen Kindern. Er führte auch sein eigenes Volk auf Abwege. Konnte dieser böse Mann, der Gottes Zorn zum Lodern gebracht hatte, wiederhergestellt werden? Konnte dieser König, in Fesseln gelegt und gebunden von den Assyrern und von Satan selbst, befreit und wiederhergestellt werden?

Die Wiederherstellung Manasses

Manasse endete als Gefangener in Babylon, in Ketten gelegt und mit einem Ring in der Nase. Und doch werden wir überrascht von dem Wunder göttlicher Wiederherstellung, von Gottes unbegreiflichem Mitgefühl und seiner Liebe. Im schlimmsten Augenblick im Leben eines Mannes, als er tief im Dreck steckt, streckt Gott seine Hand aus und gibt ihm eine zweite Chance. Der Töpfer nimmt den Ton und legt ihn wieder auf die Scheibe, um ihn wiederherzustellen.

Gewisse Schritte sind in diesem ganzen Prozeß der Wiederherstellung zu beachten.

Die Wiederherstellung des Hörens der Stimme Gottes

Die Wiederherstellung des Hörens der Stimme Gottes ist der erste Schritt in diesem Prozeß der Restauration. Vers 10 spricht nicht nur von Gottes Geduld und Barmherzigkeit, uns immer eine zweite Chance zu geben, sondern erklärt auch, was Manasse und sein Volk zu Fall gebracht hatte: „Und der Herr redete zu Manasse und zu seinem Volk; aber sie achteten nicht darauf." Das erste, was also wiederhergestellt werden muß, ist unsere Fähigkeit, die Stimme Gottes zu hören. Manasse wußte von Gott, doch er wollte nicht hören, was er zu sagen hatte. Sein Vater Hiskia hatte ihn die Wege des Herrn gelehrt, doch Manasse weigerte sich, auf Gott zu hören. Schließlich ließ er die Anweisungen seines Vaters hinter sich und begann, seinen eigenen Weg zu gehen.

Es ist sehr wichtig, den Augenblick herauszufinden, in dem wir uns von der Weisung Gottes wegbewegt haben, den Augenblick, in dem wir aufgehört haben, auf seine Stimme zu hören, um unserer eigenen zu folgen.

In 2. Könige Kapitel 6 finden wir eine interessante Geschichte im Dienst des Propheten Elisa. Die Gruppe der Propheten ging mit Elisa Holz hacken für ein Wohnhaus, weil der Ort, wo sie wohnten, zu klein für sie war. Während einer von ihnen einen Baum fällte, fiel die eiserne Axt, die er benutzte, in den Jordan. Verzweifelt beklagte der Mann den Verlust, da die Axt, die ins Wasser gefallen war, geliehen war. Elisa schnitt ein Stück Holz ab und warf es ins Wasser. Auf wundersame Weise begann das Eisen zu schwimmen, und die Axt konnte zurückgewonnen werden. Doch vor dem Wunder stellte Elisa dem Mann folgende Frage: „Wohin ist es gefallen?"

Er warf das Stück Holz nicht einfach irgendwo in den Fluß. Es war fundamental wichtig, genau zu wissen, wo die Axt hineingefallen war, damit das Wunder der Zurückgewinnung geschehen konnte.

Heute stelle ich dir dieselbe Frage: „Wo bist du gefallen?" Mit anderen Worten, was hat dich von Gott weggezogen? Wann hast du aufgehört, auf seine Stimme zu hören und ihr zu gehorchen? Damit Gott ein Wunder der Wiederherstellung in deinem Leben tun kann, mußt du an diesen Ort zurückgehen, an diesen Augenblick in deinem Leben, wo du dich losgerissen hast. Es ist ganz egal, daß die Wasser im Fluß weitergeflossen sind. Es ist ganz egal, daß es vor langer Zeit geschehen ist. Es ist ganz egal, daß das Gewicht der Axt sie bis auf den Grund des Flusses hat sinken lassen. Den Gedanken „*Ich kann nicht zurück. Ich bin zu tief gesunken*" solltest du nicht einmal aufkommen lassen. Gott tat das *Wunder*, die Axt wieder auftauchen zu lassen, und Gott wird auch in deinem Leben ein Wunder der Wiederherstellung tun. Geh zurück an den Punkt, wo du gefallen bist, und beginne wieder ganz neu Seine Stimme zu hören.

Die Wiederherstellung des Gebets

Der zweite Schritt in diesem Prozeß ist die Wiederherstellung des Gebets. Manasse legt schließlich seine Selbstgefälligkeit ab und betet zu Gott. „Und als er so bedrängt war, flehte er den Herrn, seinen Gott, an und demütigte sich sehr vor dem Gott seiner Väter" (2. Chr. 33,12). Offenbar mußte Manasse wieder neu auf die Scheibe des Töpfers gelegt werden, um durch Schmerz und Anfechtung zu gehen. Aufgrund seines harten und widerspenstigen Herzens mußte er in der Gefangenschaft viel leiden. Er mußte von seinem Stolz zu Gott umkehren. So demütigte er sich schließlich vor dem Herrn.

Doch es gibt Menschen, die einfach nicht ihre Selbstgefälligkeit ablegen und zum Herrn umkehren, nicht einmal inmitten von großer Bedrängnis. Sie wissen, sie brauchen Gott, sie wissen, er ist der einzige Ausweg, doch sie versuchen es weiterhin auf eigene Faust und sagen: „Ich werde nicht zu Gott umkehren, nur weil ich mich in Bedrängnis und Gefangenschaft befinde. Zuerst muß ich alles wieder auf die Reihe kriegen, und dann werde ich zu ihm zurückkommen – aus Liebe und nicht aus Eigennutz." Unterschwellig sagen sie damit, daß sie sich selbst erlösen wollen, ohne Gottes Eingreifen. Dann werden sie zum Herrn gehen, aber auf Grundlage ihrer eigenen Verdienste. Was für eine Torheit, was für ein Stolz!

In seiner Gefangenschaft legte Manasse, gekettet und gequält, seinen Stolz ab, kehrte um zu Gott und betete. Nun mußt du bedenken, derjenige, der da betete, war der gottloseste König der Geschichte Judas. Er beging die größte Anzahl von Sünden. Er verstrickte sich am tiefsten in Hexerei und satanische Kulte. Er tötete seine eigenen Söhne in satanischen Ritualen. Und nicht nur er sündigte, sondern er führte auch das Volk auf Abwege. Dieser König hatte den Zorn Gottes erregt wie kein anderer in seiner Zeit.

Ja, und sieh dir das Resultat seines Gebetes an: „... und betete zu ihm. Und er ließ sich von ihm erbitten und erhörte sein Flehen und brachte ihn nach Jerusalem in seine Königsherrschaft zurück. Da erkannte Manasse, daß der Herr der wahre Gott ist" (V. 13). Ganz egal, wie deine Situation vor dem Herrn auch aussehen mag, wenn du dich wirklich in seiner Gegenwart demütigst, wird seine Gnade und seine Barmherzigkeit dein Leben wiederherstellen. Es war nötig für Manasse, sich zu demütigen.

Es ist nicht genug, unseren schlechten Zustand zu erkennen und Gott zu bitten, uns freizumachen, zu segnen und zu heilen. Zusammen mit dem Bekennen unserer Sünden und der Bitte um Vergebung muß auch das Verlangen nach Veränderung vorhanden sein. Nach all diesem wird Gott anfangen, in unsere Zukunft zu sehen und nicht auf unsere Vergangenheit. Anstatt auf unsere Sünden zu sehen wird er sich seinen Pläne für uns zuwenden. Er wird nicht auf die Sprünge in unserem Gefäß sehen, sondern sich auf das wunderschöne Stück Töpferware konzentrieren, das wir sein sollten, geplant schon vor Grundlegung der Welt.

Manasse wurde nach Jerusalem zurückgebracht und gewann sein Königreich zurück. Er wurde also nicht nur von der babylonischen Gefangenschaft befreit, sondern wurde auch wieder König. Das ist genau, was Gott in unseren Leben tut. Er befreit uns nicht nur von Sünde, sondern setzt uns wieder in unsere Position als Könige. Wenn wir wie der verlorene Sohn zu Gott unserem Vater zurückkehren, zieht er uns das beste Gewand an und legt einen Ring der Autorität an unseren Finger (Lk. 15,22).

Die Wiederherstellung der Mauer

Manasses Prozeß der Rehabilitation endete nicht mit seiner Wiedereinsetzung ins Königtum, da Manasse selbst mehrere Dinge wiederherstellen mußte. Es ist sehr wichtig für dich, das zu verstehen, weil viele Christen, die wiederhergestellt wurden, hier stehenbleiben. Als Resultat wird es nur immer noch schlimmer mit ihnen. Gott stellte sie wieder her, aber sie haben sich nicht selbst wiederhergestellt. Wenn Gottes Werk der Wiederherstellung beendet ist, fängt deines erst an.

Die Wiederherstellung der Mauer ist etwas, was du tun mußt. Es ist etwas, was Manasse tat. Gott stellte ihn wieder her, aber Manasse stellte die Mauer wieder her: „Danach baute er die äußere Mauer für die Stadt Davids, westlich vom Gihon, im Tal und bis da, wo es zum Fischtor hineingeht, und umschloß den Ofel; und er baute sie sehr hoch. Und er legte Heeroberste in alle befestigten Städte in Juda" (2. Chr. 33,14).

Wenn Gott erst einmal unser Leben wiederhergestellt hat, müssen wir eine geistliche Mauer aufbauen, um uns gegen die Angriffe des Feindes zu schützen. Die Mauer muß solide sein und darf keinerlei Löcher haben, so daß der Feind nicht hereinkommen kann. Paulus schrieb in einem Brief an die Epheser: „und gebt dem Teufel keinen Raum" (Eph. 4,27). Wenn wir Löcher in der Mauer lassen, wenn wir nicht die ganze Waffenrüstung Gottes anziehen, wird Satan uns schutzlos vorfinden und wieder angreifen. Dann wird er sein Ziel erreichen – unser Zustand wird schlimmer sein als zuvor.

Nachdem Manasse alle Selbstgefälligkeit abgelegt hatte und wußte, der Feind würde ihn wieder anzugreifen suchen, machte er eine *viel höhere Mauer*. Wenn du dein tägliches Leben mit der Gegenwart des Heiligen Geistes erfüllst, wird auch deine Mauer sehr hoch sein. Einem Christen, der voll Heiligen Geistes ist, kann der Teufel nichts anhaben.

Die Wiederherstellung des Altars

Nachdem er die Mauer wiederhergestellt hatte, stellte Manasse als nächstes den Altar wieder her. „Und er baute den Altar des Herrn wieder auf und opferte auf ihm Heilsopfer und Dankopfer" (2. Chr. 33,16). Gott wird deinen Altar nicht wiederherstellen – das mußt du schon selbst tun. Erwarte nicht von Gott, daß er dir das Verlangen gibt zu beten, die Bibel zu lesen, anzubeten und in den Gottesdienst zu gehen. Wir Christen tun Dinge nicht, weil wir uns gerade danach fühlen; es ist eine Frage unseres Willens und Gehorsams Gott gegenüber.

3. Mose 6,12 lehrt uns folgendes: „Und das Feuer auf dem Altar soll auf ihm in Brand gehalten werden, es soll nicht erlöschen; und der Priester soll Holz auf ihm anzünden, Morgen für Morgen, und das Brandopfer auf ihm zurichten und die Fettstücke der Heilsopfer auf ihm in Rauch aufgehen lassen." Der Priester mußte das Feuer am Brennen halten, und das verlangte eine tägliche und konstante Willensentscheidung. Er mußte morgens früh aufstehen und manchmal weit laufen, um das Holz zu sammeln. Dann mußte er das Holz aufschichten, das Brandopfer zubereiten und aufmerksam das Feuer beaufsichtigen, um sicherzustellen, daß es nicht ausging. Es war eine harte Aufgabe und verlangte viel Verantwortungsgefühl. Es war nicht eine Gefühlsfrage, sondern eher eine Frage von Willensentscheidung und Disziplin, Opferbereitschaft und Willenskraft. Wenn wir nicht den Altar reparieren, wird unser wiederhergestelltes Leben wieder schwach sein.

Die Wiederherstellung deiner Gebefreudigkeit

Sobald der Altar repariert war, stellte Manasse seine Gebebereitschaft wieder her. Er brachte Opfer und Schlachtopfer. Viele Christen erkennen nicht die Wichtigkeit des Gebens. Sie meinen, ihre Opfer dienten zum Bezahlen der Gemeinde oder der Auslagen des Dienstes. Tatsächlich jedoch ist das Opfer eine Anbetung und ein Lobpreis, den ein Christ Gott darbringt.

Die Wiederherstellung unseres Lobpreises

Neben den Gemeinschaftsopfern opferte Manasse auch Dankopfer und stellte so den Lobpreis wieder her. Lobpreis ist der Schlüssel in diesem Prozeß. Er dient nicht nur dazu, daß wir Gott erkennen, ihm danken und ihn verherrlichen, sondern er wirkt auch an unserem Herzen. Lobpreis verändert die Art und Weise, wie wir das Leben angehen. Viele Christen leben in Niederlage, weil sie morgens als erstes die Nachrichten anhören, anstatt Gott zu preisen. Ihr Verstand ist erfüllt mit negativen, pessimistischen und bitteren Gedanken. Lobpreis erfüllt uns mit Freude, wenn wir Gottes Liebe zu uns verstehen. Er erfüllt uns mit Hoffnung in dem Wissen, daß Gott sein Werk tun wird in unseren Umständen und in uns. Er erfüllt uns mit Gefühlen von Sicherheit in dem Wissen, daß Gott uns liebt und mit uns ist. Halleluja! Stelle deinen Lobpreis zu Gott wieder her, das wird dich gesund erhalten.

Die Wiederherstellung unseres Dienstes

Der letzte Schritt in dem Rehabilitationsprozeß ist die Wiederherstellung des Dienstes. „…und er befahl Juda, daß sie dem Herrn, dem Gott Israels, dienen sollten“ (2. Chr. 33,16). Unsere Freizeit ist ein Loch, das der Feind gebrauchen wird, um sein Werk in uns wieder neu zu beginnen. Wenn Gott uns wiederherstellt, müssen wir unseren Dienst für ihn wiederherstellen. Es geht nicht darum, ob wir uns danach fühlen – es ist ein Gebot. In der New American Standard Übersetzung der Bibel heißt es, Manasse „befahl“ Juda, dem Herrn zu dienen.

Viele Christen haben eine rein defensive Haltung dem Feind gegenüber und sind nur besorgt, daß er sie angreifen könnte. Sie stellen die Mauer wieder her, aber sie stellen nicht den Dienst wieder her. Anstatt daß der

Feind dir Kopfzerbrechen bereitet, möchte Gott, daß du dem Feind Kopfschmerzen verursachst. Er sollte sich ärgern über die Art, wie du Zeugnis gibst, über die vielen Menschen, die geheilt werden durch deine Gebete, über deine Autorität, mit der du seine Horden zurechtweist, und über deinen Dienst in der Gemeinde, womit du den Leib Christi auferbaust.

Kein Gefäß war schlimmer als Manasse. Keines war so stolz, so ungehorsam, so böse und so finster. Es wurde schließlich zerbrochen. Doch Manasse hatte die Weisheit, in die Hände des Töpfers zurückzukommen. Und trotz all der Sprünge und Risse stellte der gute Töpfer ihn wieder her und setzte ihn wieder an seinen Platz, unter sein Volk, und in seine Autorität als König ein. Der Töpfer möchte heute dasselbe mit dir tun. Folge den Schritten Manasses, und dein Leben wird sich für immer verändern.

13. Ausgegossene Gefäße

> Mache dich auf und geh in das Haus des Töpfers hinab, und dort werde ich dich mein Wort hören lassen! Jeremia 18,2

Der Herr spricht eine feierliche Einladung an uns aus. Er lädt uns ein ins Haus des Töpfers. Er will dort etwas Neues tun. Doch zuerst müssen wir seine Botschaft hören: „… dort werde ich dich mein Wort hören lassen!"

Im Jahr 1992 war mein Dienstleben sehr intensiv. Jeden Morgen machte ich ein evangelistisches Radioprogramm. Später am Tag arbeitete ich im Büro der Gemeinde und hatte pastorale Seelsorgegespräche. Abends lehrte oder predigte ich in den Gottesdiensten. Ich arbeitete bis zu vierzehn Stunden pro Tag, und das sieben Tage die Woche. Ich war wirklich geschäftig mit all den Anforderungen einer wachsenden Gemeinde. Und doch spürte ich, daß etwas fehlte. Ich hatte ein schwer zu identifizierendes Gefühl von Mangel.

Eines Abends besuchte mich Pastor Werner Kniesel. Er ist der Pastor der größten Gemeinde der Schweiz und hatte als Missionar in Argentinien gearbeitet. Nach vielen Jahren trafen wir uns wieder, und er besuchte einen unserer Gemeinde-Gottesdienste. Danach gingen wir zum Essen, dieses wunderbare argentinische Rindfleisch, das Werner in Europa so sehr vermißte. Ich begann ihm zu erzählen, was Gott in unseren Leben tat. Ich erzählte ihm von all meinen vielen Aktivitäten. Ganz ehrlich gesagt erwartete ich sein Lob. Ich dachte, wenn er alles hörte, was ich so tat, würde er sagen: „O Claudio, wie wunderbar zu hören, was Gott dir alles gegeben hat und was er alles in dir tut!" Doch er limitierte seinen Kommentar auf eine einzige Frage. Es war eine Frage, die mein Leben erschütterte. Er sagte: „Claudio, wieviel Zeit widmest du dem Heiligen Geist?"

Als ich das hörte, erstickte ich fast an meinem Stück Fleisch! Werner sprach weiter: „Du bist sehr gewachsen, und die Gemeinde ist wunderschön, aber etwas stimmt nicht. Der Heilige Geist will zu dir reden, und du hast keine Zeit, hinzuhören."

Von dem Augenblick an verstand ich, daß wir, bevor Gott auch nur das Geringste mit uns tun kann, seine Stimme hören müssen. Der Töpfer lädt uns ein in sein Haus und sagt: „Ich werde dir meine Worte kundtun" (wörtlich aus der New American Standard Übersetzung). Worüber will er reden? Was sind die Dinge, die wir hören müssen, bevor er sein Werk in uns beginnen und uns gemäß seinem Design formen kann? Ich glaube, zuerst möchte er uns zu verstehen geben, daß jetzt genau die richtige Zeit ist für eine radikale Veränderung. Jetzt ist eine ganz besondere Zeit, die Zeit seines Heiligen Geistes.

Als Simeon, ein gerechter und gottesfürchtiger Mann, auf dem der Heilige Geist ruhte, das Kind Jesus in seine Arme nahm, betete er: „Nun, Herr, entläßt du deinen Knecht nach deinem Wort in Frieden; denn meine Augen haben dein Heil gesehen, das du bereitet hast im Angesicht aller Nationen" (Lk. 2,29-31).

Wir hatten nicht das Vorrecht, Jesus in Person zu kennen wie Simeon und ihn in unseren Armen zu halten. Doch wir haben ein Vorrecht, das dieser Mann nie hatte. Er konnte einen Einblick erheischen in die Errettung, die Gott im Angesicht aller Nationen bereiten würde. Wir jedoch werden die Erfüllung auf der ganzen Erde sehen können. Halleluja!

Der Prophet verkündete: „Denn die Erde wird davon erfüllt sein, die Herrlichkeit des Herrn zu erkennen, wie die Wasser den Meeresgrund bedecken" (Hab. 2,14). Ich glaube, die Zeit der Erfüllung dieser Prophetie ist gekommen. Simeon bezeugte den Beginn dieser Zeit, doch wir können an der Erfüllung mitwirken. Wie wird die Erde erfüllt werden mit der Erkenntnis der Herrlichkeit Gottes? *Durch uns.*

Du wirst ernten, was du gesät hast

Der Psalmist sagt: „Die mit Tränen säen, werden mit Jubel ernten. Er geht weinend hin und trägt den Samen zum Säen. Er kommt heim mit Jubel und trägt seine Garben" (Ps. 126,5-6). Du und ich sind die Früchte von vielen, die mit Tränen gesät haben. Doch wir werden ernten, was andere in Tränen gesät haben. Ich danke dem Herrn für all diejenigen, die vor uns waren!

Der Psalmist spricht jedoch nicht über zwei verschiedene Arten von Menschen. Er spricht nicht über die einen, die säen, und die anderen, die ernten. Der biblische Autor erwähnt nur eine Gruppe. Diejenigen, die mit Tränen säen, sind diejenigen, die mit Freudengesang ernten werden. Diejenigen, die mit Tränen den kostbaren Samen tragen, werden mit Jubelliedern zurückkommen und Garben in ihren Armen tragen.

Ich denke, wir müssen uns fragen: *Warum bringt das Säen des Wortes Gottes uns zum Weinen? Warum ist es so schmerzhaft, anderen unseren Glauben mitzuteilen?* Wenn die Bibel sagt, daß Freude im Weitergeben des Wortes liegt, daß die Füße derer, die verkünden, daß Gott regiert, wunderschön sind, warum dann so viel Schmerz, warum Tränen? Warum ist es so schwierig, für unseren Herrn Zeugnis abzulegen?

Ich denke, die Bibel ist realistisch. Gottes Wort zu tragen, kann uns teuer zu stehen kommen. Der Preis mag sein, daß andere Menschen uns für etwas seltsam halten. Dann ist da der Preis, unser selbstsüchtiges Leben zu überwinden, das die andere Person nicht das überfließende Leben führen läßt. Der Preis, unsere Worte mit unseren Taten zu bestätigen. Der geistliche Preis, die Barrieren zu überwinden, die Satan vor uns legt, um uns davon abzuhalten, zu den Verlorenen zu sprechen oder für sie Fürbitte zu tun. Und schließlich ist da der Preis, uns selbst zu verleugnen.

Furcht vor der Ablehnung anderer, Schamgefühle und Ichbezogenheit sind alles subtile Formen von Stolz. Wenn wir sagen, wir hätten nicht die Fähigkeit zu tun, was wir tun sollten, kann das auch eine Form von Stolz sein. Es ist der Heilige Geist – und nicht wir –, der das Werk tut.

Das Wort weiterzusagen kann schmerzhaft sein; es kann uns sogar zum Weinen bringen, weil wir uns selbst verleugnen müssen. Es gibt definitiv einen Preis zu bezahlen. Sogar diejenigen, die die Gabe der Evangelisation haben, werden dir sagen, daß es einen Preis zu bezahlen gibt. Es fordert nicht nur Selbstverleugnung, sondern auch das Überwinden des Bösen. Es gibt Zeiten, wo du das Evangelium nicht weitersagen kannst, nicht wegen deiner eigenen Unfähigkeit, sondern weil der Teufel in dem Wissen, daß Gott dich zum Segen anderer gebraucht, versuchen wird, dich davon abzuhalten, deine Aufgabe zu tun. Wir müssen erkennen, wer unser Feind ist, und dann die ganze Waffenrüstung Gottes anziehen, feststehen und das Evangelium des Friedens verkündigen.

Diese Zeit des Erntens ist eine Zeit der Freude. In der Vergangenheit konnten viele nur säen. Doch wir sind diejenigen, auf die sich der Psalm bezieht. Wir leben in einer Zeit von Saat und Ernte. Jetzt ist Erntezeit, und so ist unser Mund erfüllt mit Lachen, und unsere Zungen preisen ohne Unterlaß unseren Gott.

In diesen Tagen werden die Verlorenen erkennen, was Gott in unserem Leben getan hat. Sobald du dein Zeugnis gibst, werden Leute sagen: „Der Herr hat Großes an ihnen getan!" (Ps. 126,2). Wie Simeon, so danke Gott, daß er dir erlaubt, in einer solchen Zeit zu leben (siehe Lk. 2,28-32). Jetzt sind die Tage, von denen Joel prophezeite, daß Gott den Spätregen und eine große Ernte senden würde (Joel 2,28). Es ist die Zeit, die Sacharja ankündigte, als er sagte: „Erbittet euch von dem Herrn Regen zur Zeit des Spätregens! Der Herr ist es, der die Wetterwolken macht, er läßt den Regen regnen, er gibt einem jeden Brot, Kraut auf dem Feld" (Sach. 10,1).

Jetzt ist die Zeit, uns zu freuen und fröhlich zu sein! Jesaja sagt dir: „Juble, du Unfruchtbare, die nicht geboren, brich in Jubel aus und jauchze" (Jes. 54,1). Joel sagt dir: „Und ihr, Söhne Zions, jubelt und freut euch im Herrn, eurem Gott! Denn er gibt euch den Frühregen nach dem Maß der Gerechtigkeit, und er läßt euch Regen herabkommen: Frühregen und Spätregen wie früher" (Joel 2,23). Habakuk sagt: „Ich aber, ich will in dem Herrn frohlocken, will jubeln über den Gott meines Heils" (Hab. 3,18). Und Sacharja sagt zu dir: „Juble laut, Tochter Zion, jauchze, Tochter Jerusalem! … So spricht der Herr der Heerscharen: Das Fasten des vierten und das Fasten des fünften und das Fasten des siebten und das Fasten des zehnten Monats wird dem Haus Juda zur Wonne und zur Freude und zu fröhlichen Festzeiten werden" (Sach. 9,9; 8,19). Darum freue dich, sei fröhlich, feiere und preise den Herrn, weil Gott dich erwählt hat, die Erde mit der Erkenntnis seiner Herrlichkeit zu erfüllen. Jetzt ist deine Zeit! Es ist die Zeit des Heiligen Geistes auf der Erde, und Er will dich salben, daß du ausgehst und die Erde mit seiner Erkenntnis erfüllst.

Jesus Christus sagte: „Geht hin in die ganze Welt und predigt das Evangelium der ganzen Schöpfung" (Mk. 16,15). Meinst du, du kannst das tun? Es ist nicht für „Spezialisten"; es ist für dich. Wenn jemand krank ist, wirst du dann für seine Heilung beten? Für die Kranken zu beten ist nicht eine Aufgabe, die nur einige „wenige" tun können; es ist etwas, was auch du tun kannst. Wirst du die Gefangenen Satans freisetzen? Sage nicht in deinem Herzen: „Das kann ich nicht tun." Sage lieber: „Ich vermag alles in Christus." Dann geh und tue es. Jesus versprach:

> Diese Zeichen aber werden denen folgen, die glauben: In meinem Namen werden sie Dämonen austreiben; sie werden in neuen Spra-

chen reden, werden Schlangen aufheben, und wenn sie etwas Tödliches trinken, wird es ihnen nicht schaden; Schwachen werden sie die Hände auflegen, und sie werden sich wohl befinden.

Markus 16,17-18

Menschen werden errettet, geheilt, befreit und gesegnet werden durch deine Teilnahme an der Bewegung Gottes in dieser Zeit. Du hast alles, was du brauchst; der Heilige Geist ist auf dir und in dir und will durch dich wirken zur Ehre Gottes.

Ein zehntägiges Warten

Die Apostelgeschichte sagt uns, daß zehn Tage vergingen zwischen der Himmelfahrt Jesu und dem Kommen des Heiligen Geistes über die Jünger. Warum so viele Tage? Wahrscheinlich fühlten sich die Jünger wie Soldaten, die mitten in der Schlacht gezwungen waren innezuhalten, weil ihr General weg war. Sie waren furchtbar durcheinander und wußten nicht, was sie tun sollten.

Sie gingen zurück in jenes Obergemach, wo sie sich so oft mit Jesus getroffen hatten. Vielleicht hofften einige von ihnen, er würde noch einmal erscheinen, genau wie in jenen vierzig Tagen nach seinem Tod und seiner Auferstehung. Doch die Tage vergingen, und er kam nicht. Die Verheißung des Kommens des Heiligen Geistes wurde auch nicht erfüllt. Vielleicht fragten sich einige sogar: *Wenn wir schon nicht gewinnen konnten, solange er bei uns war, was für Chancen haben wir ohne ihn?*

Doch die Frage war, warum zehn Tage? Weil sie warten mußten bis zum Pfingstfest. Gott hatte beschlossen, daß Jesus am Tage des Passahfestes sterben mußte, da er ja das Lamm symbolisierte, das die Sünden der Welt wegträgt. Das Passahlamm ist auch eine Erinnerung an die Befreiung des Volkes Gottes aus der Sklaverei in Ägypten. Außerdem mußten sie mit dem Kommen des Heiligen Geistes auf das Pfingstfest warten, da dieses Fest die Erstlingsfrüchte der Ernte symbolisierte. Und so geschah es: Der Tag des Erntearbeiters – des Heiligen Geistes – kam, und dreitausend Seelen wurden als Erstlingsfrüchte in das Reich Gottes hineingeerntet.

Pfingsten ist der Beginn der Endzeit. Sie beginnt mit dem Kommen des Heiligen Geistes und dauert bis zur Wiederkunft Jesu. Wir leben inmitten dieser letzten Tage. Jetzt ist die Zeit des Heiligen Geistes; es ist

Erntezeit. Der Erntearbeiter ist gekommen, die Welt zu überführen von Sünde und Gericht. Petrus erklärte das Geschehen als Ausgießung des Heiligen Geistes in Erfüllung der Prophetie Joels.

Wahrhaftig begann während des Pfingstfestes die Erfüllung dieser Prophetie. Ganz offensichtlich war die Prophetie damit jedoch nicht vollständig erfüllt. Gott ist dabei, die größte Erweckung der Geschichte vorzubereiten. Es ist die Erweckung, die der Entrückung der Gemeinde vorausgeht.

Gott bereitet seine Gemeinde durch die Erneuerung des Heiligen Geistes auf die kommende Erweckung vor. Wir können nicht noch einmal Pfingsten erleben, genau wie wir auch nicht nochmals durch Golgatha gehen können. Doch wir können mit derselben Überzeugung die Kraft ergreifen, die während des Pfingstfestes gegenwärtig war, mit der wir auch die Erlösung ergreifen können, die Golgatha für uns bereitgestellt hat.

Leider kennen viele Christen nicht den Unterschied zwischen der Tatsache, den Heiligen Geist zu haben und mit ihm erfüllt zu sein. Vom Augenblick unserer Bekehrung an wohnt der Heilige Geist in uns. Doch wir müssen ständig neu von ihm erfüllt werden. Deshalb ist die Fülle des Geistes etwas, wonach wir täglich streben müssen.

Gott erfüllt uns mit seinem Heiligen Geist. Er salbt seine Gemeinde für die kommende Erweckung. Möchtest du Teil der Erweckungsgeneration sein, die dem Kommen des Herrn vorausgeht? Wenn du Erweckung willst, mußt du wissen, daß Erweckung mit dir anfängt.

Als Moody nach England ging, sagte ihm ein guter Freund: „Moody, die Welt wartet darauf zu sehen, was Gott durch einen Mann tun kann, der sich ihm hingibt." In Moodys Biographie erzählt dieser Freund, daß Moody mit großer Demut antwortete: „Ich werde dieser Mann sein."

Moody hatte keine formelle Ausbildung. Sein Englisch war nicht glanzvoll und vollkommen. Er war nie ordiniert worden, doch er war ein Mann, der die Vereinigten Staaten und Europa erschütterte, weil er voll des Heiligen Geistes war und bereit, sich in die Hände des Herrn auszuliefern.

Wir leben in der Endzeit. Gott will dich gebrauchen, ganz egal, wie deine Umstände sind oder in welchem Zustand du dich befindest. Das ist der Grund, warum er dich mit dem Heiligen Geist erfüllen muß. Du magst vor zehn Jahren eine geistliche Erfahrung gemacht haben – oder vor fünf, oder letzten Sonntag. Aber das ist vorbei. Die Salbung von gestern reicht nicht aus für heute. Gott will heute dein Leben erfüllen und dir eine frische, neue und mächtige Salbung geben.

Erweckung fängt mit dir an. Sie ist zuerst persönlich, geht dann in die Gemeinde und beeinflußt schließlich die ganze Welt. Wir können nicht in die Welt gehen, ohne zuerst zu Gott gegangen zu sein. Einige wollen das Werk Gottes tun, ohne den Gott des Werkes zu kennen. Einige wollen von Gott gebrauchte Gefäße sein, ohne durch seine Werkstatt zu gehen. Unmöglich. Heute mußt du ins Haus des Töpfers gehen und Gott sagen: „Herr, ich will mit dem Heiligen Geist erfüllt werden, denn ich brauche eine frische Salbung, um dir zu dienen und die Menschen um mich herum zu segnen."

Diese Salbung, die Gott über uns ausgießt, ist nicht für uns zur Aufbewahrung, sondern zum Gebrauch in dieser letzten Erweckung. Vor einigen Jahren, als Gott mich auf unglaubliche Weise salbte, dachte ich, diese Erfahrung sei nur für meine Gemeinde und mich. Doch der Heilige Geist sagte mir augenblicklich: „Claudio, ich möchte, daß du diese frische Salbung mit allen Pastoren und allen Gemeinden teilst." Seit jener Zeit haben Tausende um Tausende die frische Berührung Gottes durch unseren Dienst erfahren. Gott will nie, daß sein Werk nur in unserem Leben verborgen bleibt. Was auch immer er gibt, ist zuerst für uns, doch dann müssen wir es sofort anderen weitergeben, damit die Welt von seiner Liebe erfahren kann.

Verschiedene Berichte aus aller Welt bestätigen, was mir der Präsident einer lateinamerikanischen Organisation eines Tages schrieb: „Es herrscht geistliche Erweckung in vielen Gemeinden in deinem ganzen Land. Viele Pastoren haben eine Erneuerung in ihrem Dienst erlebt, und unglaubliche Dinge geschehen. Viele Pastorenfrauen bezeugen, daß sie einen völlig neuen Ehemann bekommen haben. Sie haben unglaubliche Veränderungen in ihrem Leben und Dienst erlebt. Unsere Gemeinden sind nicht groß genug, die Leute aufzunehmen, die Gott anrührt und die kommen, ihn zu suchen. Wir glauben fest, daß der Heilige Geist einen Platz gefunden hat in vielen Gottesdienern, die dürsten nach seiner Gegenwart." Siehst du, was Gott tun kann, wenn wir uns in seine Hände legen? Erkennst du, daß Gott etwas in dir tun möchte, so daß du ein Segen für andere sein kannst?

Gott erfüllt dich mit seinem Heiligen Geist, weil er dich braucht. Er bringt neue Männer und neue Frauen hervor, die Teil sind der Erweckung, die er uns bringt. Heute ruft er dich. Wir leben in einem neuen Abschnitt des Lebens der Gemeinde Jesu Christi. Es ist Zeit, Gott zu suchen und auf seinen Ruf einzugehen. Es ist die Zeit, wo Männer und Frauen gerufen werden, ihre Mission zu erfüllen und Teil der kommenden Erweckung zu sein. Unsere Söhne und Töchter werden weissagen, unsere Jugendlichen werden Visionen sehen und unsere Alten werden Träume haben.

Jetzt ist Gottes Zeit. Seine Zeit ist gekommen. Laß deine Uhr nicht nachgehen, sondern synchronisiere dich mit der Uhr Gottes. Jetzt ist Gottes Zeit, die Zeit des Spätregens, die Zeit der Ernte. Weder du noch deine Kinder sollten von dieser Bewegung ausgeschlossen sein. Gott ruft dich als einen der Arbeiter der letzten Stunde. Gott ruft dich, mit ihm zusammenzuarbeiten, an seinem Werk Anteil zu haben.

Das ist der Grund, warum der Töpfer an deinem Leben arbeiten will. Das ist der Grund, warum er dich in sein Haus einlädt. Du hast seine Worte schon gehört: „Jetzt ist meine Zeit und deine Zeit." Nun erwartet er deine Antwort: „Forme mich, Herr, und gebrauche mich."

14. Kriegsgefäße

> Und Mose sandte sie, tausend von jedem Stamm, zum Heeresdienst aus, sie und Pinhas, den Sohn des Priesters Eleasar, zum Heeresdienst; und die heiligen Geräte, die Trompeten zum Lärmblasen, waren in seiner Hand. 4. Mose 31,6

In 4. Mose 31 lesen wir von Moses‘ letzter Meisterleistung im Kampf vor seinem Tod. Es ist die Erfüllung eines Befehls Gottes, der Moses auftrug, die Midianiter zu zerstören, weil sie sich Israel gegenüber feindlich gezeigt hatten und Israel fortwährend verführten, andere Götter anzubeten. Durch die Frauen der Midianiter wurde Israel in Sünde gezogen, was den Zorn Gottes hervorrief (4. Mose 25,18).

Gottes Zorn ist nicht nur ein Symbol oder eine bildliche Sprache. Er ist eine schreckliche Tatsache, die angesichts des Bösen zur Realität wird. Gott will Midian für ihre Verführung und ihre Arroganz strafen. Midian ist ein Bild für Satan und seine bösen Horden, die immer versuchen, andere zur Sünde zu verführen. In ihrer Arroganz versuchen sie Gottes Volk zu verführen und zu demütigen. Das Wort *Midian* bedeutet „Kampf“ und symbolisiert unseren ständigen Kampf mit Satan.

Es ist interessant, daß Pinhas, der Sohn des Priesters Eleasar, zwei Elemente mit sich trug. Eines davon sind Trompeten. Das macht Sinn, da sie benötigt wurden, um anzugeben, wann der Kampf begonnen werden und man gegen den Feind losziehen sollte. Doch das zweite Element hat wenig mit Krieg zu tun. Das Wort sagt, er trug die heiligen Geräte.

Kriegsgefäße

Als Jesus seine Jünger rief, hatte er zwei Absichten im Sinn: „Und er bestellte zwölf, damit sie bei ihm seien und damit er sie aussende, zu predigen und Vollmacht zu haben, die Dämonen auszutreiben" (Mk. 3,14-15). Das heißt, Jesus rief sie in eine innige Gemeinschaft mit sich selbst, aber er sandte sie auch aufs Kampffeld, mit Autorität zu predigen und den Teufel zu besiegen.

Diese doppelte Absicht gilt auch noch für uns heute. Der Töpfer formt uns weiterhin, um uns zu heiligen Gefäßen zu machen, zu Gefäßen, die ihm dienen in Anbetung und enger Gemeinschaft. Doch er will uns auch in den Kampf senden. Er nimmt dein Leben, ein heiliges Gefäß, und will dich aufs Kampffeld senden, um den Sieg zu erringen.

Gottes Volk ist ein Kriegsvolk. Paulus drängte die Korinther, in ein und demselben Geist fest zu stehen und wie ein Mann für den Glauben des Evangeliums zu kämpfen: „Wandelt nur würdig des Evangeliums des Christus, damit ich, sei es, daß ich komme und euch sehe oder abwesend bin, von euch höre, daß ihr fest steht in einem Geist und mit einer Seele zusammen für den Glauben des Evangeliums kämpft" (Phil. 1,27). Er forderte die Epheser heraus: „Zieht die ganze Waffenrüstung Gottes an, damit ihr gegen die Listen des Teufels bestehen könnt. Denn unser Kampf ist nicht gegen Fleisch und Blut, sondern gegen die Gewalten, gegen die Mächte, gegen die Weltbeherrscher dieser Finsternis, gegen die Geister der Bosheit in der Himmelswelt" (Eph. 6,11-12).

Er erinnert die Korinther daran, was ihre Werkzeuge sind: „Denn obwohl wir im Fleisch wandeln, kämpfen wir nicht nach dem Fleisch; denn die Waffen unseres Kampfes sind nicht fleischlich, sondern mächtig für Gott zur Zerstörung von Festungen; so zerstören wir Vernünfteleien und jede Höhe, die sich gegen die Erkenntnis Gottes erhebt, und nehmen jeden Gedanken gefangen unter den Gehorsam Christi" (2. Kor. 10,3-5). Ob es dir nun gefällt oder nicht, wir stehen mitten in einem Kampf. Doch Gott hat uns die Waffen zum Siegen gegeben, nicht nur in unserem eigenen Leben, sondern auch in den Leben anderer.

Übe deine geistliche Autorität aus

Das Alte Testament ist voll von Geschichten über Kriege und Kämpfe. Diese Geschichten wurden vom Heiligen Geist nicht nur inspiriert, um uns über Israels Geschichte zu informieren, sondern auch, um uns über unsere eigenen Kämpfe zu lehren. Eine der bekanntesten und wohl auch lehrreichsten dieser Episoden ist die Einnahme Jerichos.

Die ungewöhnliche Strategie, die Gott den Kindern Israel gab, hatte einen intelligenten Zweck. Mehrere Tage lang schweigend um eine Mauer herumzumarschieren, hatte keinen klaren militärischen Sinn. Was war der Zweck? Der Zweck war, daß das Volk geistliche Autorität erlangen sollte, indem sie Glauben, Gehorsam und Selbstbeherrschung übten.

Auch wir müssen unsere geistliche Autorität fest machen. Wir leben nicht in einem Vergnügungspark – wir stehen mitten in einem Kampf. Wir kämpfen nicht gegen andere Menschen, sondern gegen Gewalten, gegen Mächte, gegen Weltbeherrscher dieser Finsternis, gegen Geister der Bosheit in der Himmelswelt. Wenn wir als Gemeinde Jesu Christi nicht mit dem Verständnis kämpfen, daß der Sieg über den Teufel von Jesus am Kreuz schon errungen worden ist, werden wir nicht fähig sein, unsere Nachbarschaft, unsere Stadt, unser Land oder gar die Enden der Welt für Christus einzunehmen.

Jesus lehrte, daß die Pforten des Hades die Gemeinde nicht überwältigen würden. Das bedeutet, die Gemeinde muß gegen die Pforten der Hölle in dem Wissen angehen, daß diese nicht bestehen können. In dem Wissen, daß der Sieg schon unser ist, können wir die geistliche Autorität ausüben, die Jesus uns gegeben hat.

Zwei Ebenen des Kampfes

Dieser geistliche Kampf muß auf zwei verschiedenen Niveaus geführt werden. Wir haben mit zwei Kampffeldern zu tun. Das erste Kampffeld, das kleinere, ist unser eigenes Leben. Unser Kampf dort ist gegen drei Quellen des Bösen – Satan, das Fleisch und die Welt. Leider gibt es viele, die Satan gegenüber Verpflichtungen eingegangen sind. Traurigerweise scheinen manche Christen, obwohl sie Gottes Wege befolgen, nicht fähig zu sein, sich von alten Bindungen zu lösen. Diese ungebrochenen Bindungen sind Orte, die Satan benutzt, um ihre Leben weiterhin unter seinem Einfluß zu halten. Wenn wir uns Jesus zuwenden, müssen wir uns von der Vergangenheit losreißen und jede Verpflichtung und Verbindung mit dem Feind zerstören.

Vor einigen Jahren diente ich in der Schweiz. Gott wirkte in wunderbarer Weise in diesen Gottesdiensten. Eine Dame, die viele Jahre lang in Mystizismus und Astrologie verstrickt gewesen war, kam zu einem der Gottesdienste. Obwohl sie aufgrund ihrer übersinnlichen Fähigkeiten großes soziales Ansehen genoß, hatte doch der Feind die Autorität über sie übernommen, und sie war sehr krank und gelähmt. Die Ärzte konnten keinen wissenschaftlichen Grund für ihre Krankheit finden.

Während einer wunderbaren Zeit von Lobpreis und Anbetung, ganz allein, ohne menschliches Zutun, stand sie auf – völlig geheilt! Sie tat Buße für ihre Sünden und ließ sich taufen. Dann gab sie vor der ganzen Gemeinde ihr Zeugnis.

Als sie nach Hause kam, füllte sie fünfunddreißig große Tüten mit ihren Büchern über Okkultismus. Sie bezahlte den Hausmeister dafür, diese Tüten wegzuschaffen und zu verbrennen. Ihre Vergangenheit lag hinter ihr, und sie wollte nichts mehr damit zu tun haben. Heute ist sie eine glückliche Frau und dient gesund und voller Freude dem Herrn. Sie hatte keinerlei Türen offengelassen, durch die Satan hätte zurückkommen können.

Das zweite Kampffeld ist unser Missionsfeld – das Gebiet, wo wir wohnen, unsere Ortschaft oder Stadt, das Land, zu dem wir gehören, und die Welt, die wir erreichen müssen. Du magst dich fragen: „Was gibt es für mich zu tun, außer das Evangelium zu predigen?“ Es gibt viele Dinge, die du tun kannst, aber das Wichtigste ist zu beten. Die grundlegenden Veränderungen, die unsere Welt braucht, müssen von Gott getan werden. Deshalb ist unser Gebet um seine Barmherzigkeit für unsere Stadt oder unser Land so notwendig.

Wie ist es nur möglich, daß auf einem so reichen Planeten wie dem unseren, der erfüllt ist mit einem Überfluß an gottgegebenen Dingen, immer noch so viele Menschen in Not sind, hungrig, in ungesunden Umständen leben, ohne die nötigen Mittel, um eine menschenwürdige Existenz zu führen?

Wir könnten wahrscheinlich viele politische, ökonomische und soziale Erklärungen auf diese Frage finden. Doch gibt es eine geistliche Antwort? Ich meine ja. Ich finde es recht offensichtlich, daß in unserer Welt der Teufel große Freiheit hat zu tun, was auch immer er will. Wir können natürlich der politischen Instabilität die Schuld geben, schlechte ökonomische Verwaltung und die neue Weltordnung für die zunehmende Verarmung, die abnehmende Lebensqualität, die Arbeitslosigkeit und das menschliche Leid verantwortlich machen. Die Wahrheit jedoch ist, daß Geister von Armut, Misere, Ausbeutung, Unterdrückung und Arbeitslosigkeit hier sind, auf dieser Erde. Ohne es zu wissen, hat der Mensch dem Teufel die Handlungsvollmacht übertragen.

Was können wir tun? Wer könnte diese Geister austreiben, wenn nicht das Volk Gottes im Namen Jesus? Wie werden wir es tun? Im Gebet, in Fürbitte, durch Gebetskampf und geistliche Kampfführung. Das ist unsere Aufgabe.

Vorbereitung zum Kampf

Es gibt einträgliche Wege, wie du dich gerade jetzt auf den geistlichen Kampf vorbereiten kannst. Laß uns einige dieser Wege betrachten.

Bete den Herrn an!

Den Herrn anzubeten, ist das Wichtigste überhaupt. Bevor du ein Kriegsgefäß bist, hat der Töpfer dich zu einem Gefäß des Heiligtums gemacht. Erfülle deinen Mund und dein Herz mit Lobpreis und Danksagung und bete den Herrn an. Preise den Herrn und bete ihn an für das, was er tut und wer er ist. Erkenne seine Souveränität an. Er steht über allen Mächten und Gewalten.

Danke Gott für das Land, in dem du geboren wurdest und in dem du lebst. Wenn du dich regelmäßig beklagst über dein Land oder die Stadt, in der du lebst, dann höre augenblicklich damit auf und beginne, Gott zu preisen und anzubeten. Willst du eine Erweckung in deinem Land? Willst du die Mächte der Finsternis überwinden? Der Weg dazu, der Weg, die Finsternis loszuwerden, besteht darin, das Licht anzuzünden und durch Lobpreis Gottes Gegenwart inmitten unserer Nation aufzurichten:

> Juble, Tochter Zion, jauchze, Israel! Freue dich und frohlocke von ganzem Herzen, Tochter Jerusalem! Der Herr hat deine Strafgerichte weggenommen, deinen Feind weggefegt. Der König Israels, der Herr, ist in deiner Mitte, du wirst kein Unglück mehr sehen.
>
> Zephanja 3,14-15

Bete und harre auf den Herrn

Wir müssen beten, zu Gott schreien und auf Gott hören. Weißt du, was nach den Kämpfen von Jericho und Ai geschah? Die Israeliten erlitten eine schreckliche Niederlage, weil sie losgingen, ohne auf Gottes Reden zu warten. „Da nahmen die Männer von ihrer Wegzehrung. Den Mund des Herrn aber befragten sie nicht" (Jos. 9,14). Die Bibel warnt uns vor der Sünde der Anmaßung, dem Versuch, das Reich Gottes auszubreiten ohne klare Richtungsweisungen. Nach den Siegen in Jericho und Ai wurden die Männer Israels von den Gibeonitern in die Irre geführt, weil sie die Sünde begingen, den Herrn nicht zu befragen.

Bete und höre auf Gottes Anweisungen. Bete und tue Fürbitte für die Leiter deiner Gemeinde. Bete mit ihnen und harre auf Gottes Richtungsweisungen für deine Stadt.

> O daß mein Volk auf mich hörte, Israel in meinen Wegen wandelte! Bald würde ich ihre Feinde beugen, meine Hand wenden gegen ihre Bedränger. Psalm 81,13-14

Laß uns auf den Herrn harren, auf ihn hören und uns nicht auf unser begrenztes Verständnis oder unsere menschliche Schlauheit verlassen. Geistliche Kämpfe werden gewonnen, indem wir die Offenbarungen des Heiligen Geistes befolgen.

Bitte um Vergebung für die Sünden deiner Stadt und Nation

Wir mögen glauben, wir hätten gar nichts mit dem gegenwärtigen Zustand unserer Stadt zu tun. Doch das Wort lehrt uns, uns in persönlicher Buße mit den Sünden unserer Nation zu identifizieren. Als Nehemia für die Wiederherstellung Jerusalems betete, hatte er absolut nichts mit den Sünden der vergangenen Generationen zu tun, die das Volk in die Gefangenschaft gebracht hatten. Und doch betet er: „... das Gebet ..., mit dem ich die Sünden der Söhne Israel bekenne, die wir gegen dich begangen haben! Auch ich und meines Vaters Haus, wir haben gesündigt" (Neh.1,6). Esra betete dasselbe: „Mein Gott, ich schäme mich und scheue mich, mein Gesicht zu dir, mein Gott, zu erheben! Denn unsere Sünden sind uns über den Kopf gewachsen, und unsere Schuld ist groß geworden bis an den Himmel" (Es.9,6).

Sie beteten nicht so, als seien sie schuldlos. Sie identifizierten sich mit den Sünden der Nation. Vielleicht hast du niemanden umgebracht, aber du hast andere Sünden begangen, die Gott verletzt haben. Auch wenn deine Gemeinde vielleicht nicht direkt ist für die schwierige sozio-ökonomische Situation deines Landes verantwortlich, mag sie doch nicht genug getan haben, um diese zu verhindern. Bitte um Vergebung, nicht nur für die kollektiven Sünden deiner Gesellschaft, sondern auch für deine eigenen. Dämonen sind nicht das Hauptproblem. Das Hauptproblem ist das Ego. Nur nachdem Gott mein sündiges Herz gereinigt hat, bin ich überhaupt fähig, weiterhin Fürbitte zu tun.

Widerstehe dem Teufel

Jesus lehrte uns, dem Teufel durch Fasten und Gebet zu widerstehen. Durch Gebet und Fasten kannst du tatsächlich etwas bewirken an den himmlischen Orten. Wähle einen Tag pro Woche zum Fasten und Beten für deine Stadt und Nation, damit das Evangelium sie durch eine Erweckung erreichen mag.

Eine andere Art, dem Teufel zu widerstehen, ist durch einen Geist, der dem seinen entgegengesetzt ist. Wir überwinden das Böse mit dem Guten. Wenn deine Stadt einen Geist der Armut hat, überwinde den Teufel mit deiner Großzügigkeit. Wenn ein Lügengeist herrscht, überwinde ihn mit der Wahrheit. Wenn es ein Geist von Stolz und Arroganz ist, überwinde ihn mit Demut.

Erkläre den Sieg!

Erkläre und bekenne das Wort Gottes und glaube es in deinem Herzen. Sage jeden Tag laut zu Hause: „Gott wird eine Erweckung in meine Stadt senden." Die Macht Jesu ist stärker als die Finsternis über deiner Stadt. Misere und Armut werden im Namen Jesu fliehen. Konfrontiere sie und sage: „Satan, du und deine Dämonen, ihr werdet meine Nation nicht besitzen. Dieses Land gehört Jesus Christus." Bekenne, daß der Herr dir den Sieg geben wird in deiner Gemeinde und in euren Plänen, als Gemeinde euer Gebiet und eure Stadt für Jesus einzunehmen.

Bekenne Jesus

Die größte Niederlage erleidet Satan, wenn du über Jesus redest. Bitte Gott, dir in dieser Woche eine Person zu geben, der du Zeugnis geben kannst. Wenn dein Gebet aufrichtig ist und du wirklich willig bist, es zu tun, wird Gott dir eine Gelegenheit geben, in dieser Woche mindestens einer Person von Jesus zu erzählen. Der Heilige Geist wird den Rest tun.

Arbeite für die Einheit der Gemeinde

Die Einheit der Gemeinde ist lebensnotwendig für geistlichen Kampf. Setze dich ein und arbeite für die Einheit der Gemeinde Jesu Christi in deiner Stadt. Habe geistliche Gemeinschaft mit Christen aus anderen Gemeinden und Denominationen und betet zusammen für eure Stadt, um sie geistlich einzunehmen. Marschiert zusammen wie Gottes Volk in Jericho und nehmt jeden Bereich eurer Stadt im Gebet ein. Im Laufe der Zeit wirst du merken, wie die Festungen des Bösen, die Mächte und Gewalten in deiner Stadt, im Namen Jesus fallen.

Mach dir den Sieg zu eigen!

Als sie das Wort des Herrn empfingen, wurde das Volk gestärkt und ermutigt:

> Fürchtet euch nicht! Steht und seht die Rettung des Herrn, die er euch heute bringen wird! Denn die Ägypter, die ihr heute seht, die werdet ihr weiterhin in Ewigkeit nicht mehr sehen. Der Herr wird für euch kämpfen, ihr aber werdet still sein. 2. Mo. 14,13-14

Wenn wir einen einfachen Gehorsam Gott gegenüber haben, wird sich der unbegrenzte Gott mit dem Begrenzten in uns vereinen. Die Allmacht Gottes wird unsere Begrenzungen anrühren. In deiner Stadt werden die Mauern fallen, und du wirst anfangen, die Kraft Gottes in Aktion zu sehen.

Gott hat uns zu wunderschönen Gefäßen gemacht, die ihn anbeten und die Gemeinschaft mit ihm genießen. Nun bläst der Herr die Trompete und ruft uns in den Kampf. Und du, das Gefäß des Heiligtums, wirst in seine Hände genommen werden als Kriegsgefäß. Er hat einen unbeschreiblichen Sieg für dich vorbereitet.

15. Alabastergefäße

> Und als er in Bethanien war, in dem Hause Simons des Aussätzigen, kam, während er zu Tisch lag, eine Frau, die ein Alabasterfläschchen mit Salböl von echter, kostbarer Narde hatte; sie zerbrach das Fläschchen und goß es aus auf sein Haupt. Markus 14,3

Gott stellt weltweit die Anbetung seiner Gemeinde wieder her. Er führt uns dahingehend, daß wir den Menschen aus dem Mittelpunkt des Gottesdienstes entfernen, und setzt sich selbst als Haupt-Empfänger und Kernpunkt unserer Gottesdienste.

In der Bibel finden wir eine Geschichte, die uns die wahre Bedeutung und Absicht von Anbetung zu verstehen hilft. Sechs Tage vor seinem Tod wurde Jesus zu einem Festessen eingeladen. In jenem Haus, wie in jedem anderen Hause in Israel, konnte man viele Gerüche empfinden. Jeder der Partygäste konnte den Duft der Weizenfelder riechen. Oder den Geruch der Schafe, die in der Nähe grasten. Auch den Duft der Feigenbäume, des grünen Grases und der Olivenbäume konnte man riechen, zusammen mit dem Aroma der Speisen, die bereitet wurden. Doch ganz unerwartet erfüllte ein anderer Duft jenen Ort. Eine Frau hatte ein Pfund teuren Parfüms aus reiner Narde gebracht. Sie zerbrach das Gefäß und goß das Parfüm auf die Füße Jesu, wobei sie diese mit ihren Haaren trocknete (Lk. 7,37-39).

Es ist sehr interessant, über diese Szene nachzudenken. Johannes sitzt und genießt das gute Essen. Er hatte vielen Gästen die Hand geschüttelt und sie auch umarmt. Er hatte gesehen, was diese Frau mit dem Parfüm tat, und hatte auch die Lehre Jesu gehört. Doch er war nicht beeindruckt von dem, was er berührt, geschmeckt, gesehen oder gehört hatte. Was ihn und die anderen beeindruckte, war, was sie rochen – das Haus war erfüllt mit dem Duft des Parfüms. Dieser Duft der Anbetung und des Lobpreises übertraf alle anderen Gerüche im Haus. Einen Augenblick lang, nur einen Augenblick, war da nur ein einziger Geruch – das Parfüm der Anbetung Marias.

Judas jedoch schalt die Tat dieser gottesfürchtigen Frau. Er wollte nicht, daß dieses Parfüm für Anbetung benutzt wurde, es sollte lieber den Armen gegeben werden: „Warum diese Verschwendung von Parfüm? Es hätte verkauft werden können für mehr als einen Jahreslohn, und das Geld hätte den Armen gegeben werden können." Für Judas und die anderen war es reine Geldverschwendung. Natürlich gehörte Judas auch zu einem anderen Reich.

Diese Geschichte erinnert mich an die Zeit, als ich Christ wurde. Gott forderte von mir täglich, ihm mein Leben hinzugeben. Jahr für Jahr eroberte er mich ein Stückchen mehr. Ich wußte, meine Hingabe mußte 100prozentig sein oder gar nicht; deshalb überlegte ich mir meine Entscheidung sehr genau. Die Geschichte eines jungen Missionars namens Bruce Olson machte einen großen Eindruck auf mich, und ich erkannte schließlich, daß ich als junger Mann kein klares Ziel im Leben hatte. Wenn Gott mich gebrauchen wollte, war ich bereit, mich ihm ganz hinzugeben.

Ich war circa zwanzig Jahre alt, als der Herr mich in den Dienst berief. Zu jener Zeit arbeitete ich als Angestellter in einer Firma. Ich hatte nie große Verantwortung übertragen bekommen und war auch nie für eine bessere Stellung in Betracht gezogen worden. Eines Wochenendes auf einer christlichen Freizeit sprach Gott zu mir: „Widme dich ganz und gar meinem Werk und nichts anderem." Ich hatte meine eigenen Pläne. Ich studierte damals Ingenieurswissenschaften, doch in dem Augenblick, als Gott mir eine Last für die Verlorenen gab und mich einlud, mich als sein Instrument in seine Hände zu legen, hatte ich keine Zweifel, was ich tun sollte. Ich entschied mich, gleich am nächsten Tag meine Arbeitsstelle aufzugeben, um mich auf der Bibelschule einzuschreiben.

An jenem Montag ging ich wie gewöhnlich zur Arbeit. Sobald ich mich an meinen Schreibtisch setzte, kam jemand und sagte mir: „Der Geschäftsführer möchte Sie sehen." Das überraschte mich. Der Geschäftsführer betrat das Gebäude immer durch eine weit entfernte Tür und schloß sich in seinem luxuriösen Büro ein. Warum wollte er mich sehen, einen jungen „Nobody" in seiner Firma? Er hatte mich nie auch nur gegrüßt; er war ein Multimillionär, viel zu beschäftigt, mich auch nur zu bemerken.

Ich ging sofort in sein Büro. Als ich hereinkam, lud er mich ein, Platz zu nehmen. Ich sank in ein riesiges Sofa genau vor ihm. Er sagte: „Sir, wir haben das ganze Wochenende lang an Sie gedacht. Wir haben entschieden, daß wir Ihnen die Leitung einer neuen Abteilung übertragen wollen. Sie werden eine einzigartige Gelegenheit bekommen wie kein anderer. Wir haben über Ihre Talente nachgedacht, Ihre Zukunft und Ihre berufliche Karriere in unserer Firma, und wir haben uns entschieden, Sie als Leiter der Computerabteilung einzusetzen. Sie werden ein besseres Gehalt bekommen, und Sie werden spezielles Training empfangen."

Während ich diesem Mann zuhörte, erinnerte mich Gott daran, daß ich all diesen Dingen abgesagt hatte. Ich sagte: „Sir, ich werde Ihnen gegenüber aufrichtig sein und Ihnen etwas sagen, was Sie vielleicht nicht verstehen werden."

„Ja," sagte er, „bitte teilen Sie mir Ihre Bedenken mit."

So sagte ich ihm ganz deutlich: „Ich kann Ihr Angebot nicht annehmen. Ich werde auf die Bibelschule gehen, um als Pastor Gott zu dienen."

Weißt du, was seine ersten Worte waren? „Was für eine Verschwendung!" Ich fühlte mich identifiziert mit jener Frau, die das Parfüm bis zum letzten Tropfen ausgoß, ohne die Kosten zu bedenken. Dann fragte er mich: „Wie wollen Sie davon leben können? Wie steht es mit Ihrer Zukunft und der Zukunft Ihrer Familie?" Dann begann er, mich zu ermahnen und zu drängen, meine Entscheidung noch einmal zu überdenken. Natürlich konnte er meine Entschiedenheit nicht verstehen. Doch wenigstens wußte er, daß ich mich entschieden hatte, meiner Berufung treu zu sein, und daß ich keinen Millimeter davon abweichen würde. Im Laufe der Jahre verstand dieser Geschäftsmann und akzeptierte, was Gott in meinem Leben getan hatte. Sogar noch mehr, er half bei der Finanzierung meiner Bibelschulzeit und lieferte kostenloses Essen für die Studenten. Doch in jenem ersten Augenblick hielt er es für eine Verschwendung.

Jetzt ist die Zeit, Gott in Anbetung alles hinzugeben, eine Verpflichtung mit ihm und seinem Reich einzugehen. Viele deiner Angehörigen und Freunde werden dir sagen: „Warum verbringst du so viele Stunden in der Gemeinde? Warum gehst du in die Krankenhäuser zum Predigen, anstatt dich auszuruhen?" Sie verstehen nicht, daß du dein ganzes Leben ausgegossen hast zu den Füßen Jesu. Erwarte nicht ihren Beifall. Wirklich hingegebene Christen werden kritisiert werden. Wir sind jenes kostbare Gefäß. Für viele besteht der Wert in dem Parfüm, das darin aufbewahrt ist. Doch für uns liegt der einzig ewige Wert im Zerbrechen des Gefäßes zu Füßen des Meisters. Das wird unsere Ehre sein. Den anderen erscheint es als reine Verschwendung.

Das war die Meinung von Judas, als er die Hingabe und Anbetung Marias beobachtete. Doch Jesus krönte ihre Anbetung mit den Worten: „Laßt sie! Was macht ihr ihr Mühe? Sie hat ein gutes Werk an mir getan; denn die Armen habt ihr allezeit bei euch …" (Mk. 14,6-7).

Anbetung heißt zu wiederholen, was Maria tat. Anbetung heißt, uns vor dem Herrn niederzuwerfen und ihn als Herrn anzuerkennen. Es heißt, ihm in einem Akt der Anbetung unseren wertvollsten und kostbarsten Besitz hinzugeben – unser Leben. Genau wie Judas, so sind wir versucht, unsere Aufmerksamkeit, unser kostbares Parfüm, unser ganzes Wesen etwas anderem zu widmen als der Anbetung unseres Herrn. Während du diese Zeilen liest, riechst du wahrscheinlich viele unterschiedliche „Parfüms" – den Geruch deiner Sorgen, das Aroma deiner Probleme, Nöte und Krankheiten. Daher sagt uns Jesus: „Probleme und Schwierigkeiten werdet ihr immer bei euch haben; aber laß jetzt dein Haus erfüllt werden mit dem süßen Duft deiner Anbetung."

Wir haben schon gesehen, wie das Gefäß deines Lebens anfängt zu zerspringen und zu zerbrechen aufgrund von Sünde, Ungehorsam, Dualismus und negativen Gefühlen. Doch was für ein Paradox finden wir in Gottes Dynamik, in der Art und Weise, wie der Töpfer in uns wirkt. Er sagt etwas recht Seltsames: „Der erste Schritt zur Wiederherstellung eines zerbrochenen Gefäßes ist, *es zu zerbrechen.*"

Diese Frau in Bethanien zerbrach vor Jesus Christus in Demut und Anbetung. Während Stolz unsere Gefäße zerbricht, zerbrach sie ihr Gefäß, um den Stolz abzulegen. Das Wort Gottes sagt, sie „salbte die Füße Jesu und trocknete seine Füße mit ihren Haaren. Das Haus aber wurde von dem Geruch des Salböls erfüllt" (Joh. 12,3). Das bedeutet, diese Frau warf sich nieder zu den Füßen Jesu; sie demütigte sich vor ihm, erkannte seine Herrschaft und ihren eigenen Zustand an, und betete ihn an. Wenn du nicht willst, daß der Stolz dein Leben zerbricht, mußt du deinen Stolz in Anbetung zerbrechen.

Maria ließ nicht zu, daß Haß und Bitterkeit ihre Seele erfüllten, als sie die Ablehnung und Kritik von Judas erfuhr. Sie ließ nicht zu, daß Groll die Herrschaft über sie erlangte, sie niedermachte und Bitterkeit ins Haus brachte. Ganz im Gegenteil, sie zerbrach ihr Innerstes in Anbetung, und der Ort wurde erfüllt mit dem Duft des Parfüms.

Sie gab sich nicht nur teilweise hin. Ihr Herz war nicht geteilt. Sie wußte ganz genau, daß Jesus völlige Hingabe verlangte, totale Anbetung, und sie wußte, sie handelte in Übereinstimmung damit. Sie behielt nichts für sich zurück, sondern sie zerbrach das Alabastergefäß, sie goß alles aus. Wenn unsere Hingabe unvollständig ist und wir Jesus nicht von ganzem Herzen nachfolgen, zerbricht unser Gefäß in zwei Teile. Doch wenn wir das Gefäß in Anbetung völlig zerbrechen, ist die Hingabe vollständig, und der Töpfer baut uns gemäß seinem vollkommenen Plan wieder neu.

Dieses gesunde Zerbrechen wird der Salbung des Heiligen Geistes in uns ermöglichen, herauszufließen und jeden um uns herum anzurühren. Wir brauchen nicht etwas Neues von außen. Wir müssen die Salbung freisetzen, die schon in uns ist. Die Dienste, die Gott mit Salbung ausstattet, werden von ihm dazu gebraucht, uns in das Allerheiligste seiner Gegenwart zu führen. Dort, Angesicht zu Angesicht mit Jesus, können wir zerbrochen werden. Nur vor Christus kann wahrer Zerbruch geschehen. Es kann auf keine andere Weise kommen. In ihm ist die Gnade, die das Alabastergefäß zerbricht, so daß das Kostbare in uns ausgegossen werden und gemäß dem exakten Design des Töpfers fließen kann.

Der Strom lebendigen Wassers ist schon in dir – du mußt nicht von Menschen abhängig sein! Als Jesus über den Heiligen Geist sprach, den wir empfangen würden, sagte er, Ströme lebendigen Wasser würden aus uns fließen. Die Salbung ist schon in dir. Was du brauchst, ist Zerbrochenheit. Und Gott bringt Dienste hervor, die uns helfen, diesen notwendigen Glaubensschritt zu tun.

Eine der heutigen Sünden ist dieselbe wie in der Gemeinde von Laodicea. Auf meinen Reisen um die Welt, wo ich Gott Erweckung bringen sehe, sorge ich mich um die Pastoren und Leiter, die mit dem gegenwärtigen Stand der Dinge zufrieden sind. Gott sagte der Gemeinde in Laodicea, er würde sie aus seinem Mund ausspeien, weil sie lau war.

Warum war diese Gemeinde lau? Weil sie von sich selbst sagte: „Ich bin reich und brauche nichts."

Doch Gott sah sie als elend, bemitleidenswert, arm, blind und bloß. Was für ein unterschiedlicher Blickpunkt! Die Gemeinde sagte: „Ich bin ganz in Ordnung."

Gott sagte: „Das denke ich nicht."

Laß uns nicht zufrieden sein; laß uns nie unseren Hunger und Durst nach Gott verlieren und uns zufriedengeben. Laß uns nicht lau sein. Gott möchte, daß wir uns nach mehr ausstrecken, und er wird uns mehr geben.

Du bist das Gefäß aus Ton, das den Schatz der Kraft Gottes enthält. Höre auf, um die Kraft und Gegenwart zu beten, die schon in dir ist. Fange an, dich vollständig hinzugeben und nichts zurückzuhalten. Gieße dein

Leben aus. Du hast das Parfüm aus reiner Narde schon in dir. Laß dich zerbrechen, und der Duft Gottes in dir wird sich ausbreiten und den Ort mit dem Aroma Jesu Christi erfüllen.

Wenn du das tust, wird jeder wissen, daß du ein Kind Gottes bist. Wenn du in ein Krankenhaus gehst, in ein Restaurant, eine Bank, Schule, Universität, einen Markt oder zur Arbeit, wird sich die geistliche Atmosphäre verändern, weil du sie mit deiner Gegenwart beeinflußt. Aus dem Inneren deines Wesens wird das Aroma der alles überragenden Kraft Gottes, die in dir wohnt, die Luft erfüllen und die Leben der Menschen um dich herum anrühren.

Vergiß nicht: Das zerbrochene Gefäß wird durch Zerbruch wiederhergestellt. Jetzt ist die Zeit. Ich lade dich ein, dich zu den Füßen Jesu niederzuknien, genau wie Maria, und allem Stolz und aller Selbstgefälligkeit abzusagen. Mach dich frei von allen negativen Gefühlen, die dich in zwei Stücke spalten können. Bete den Herrn mit deinem ganzen Herzen an.

Zerbrich dein Gefäß in seiner Gegenwart, und der geliebte Töpfer wird dich zu seiner Ehre wiederherstellen.

16. Ölgefäße

> Das Mehl im Gefäß soll nicht ausgehen und das Öl im Krug nicht abnehmen. 1. Könige 17,14

Gott hat Betty und mich mächtig gesegnet in den Jahren, die wir dem Herrn dienen. In seiner Barmherzigkeit hat er uns das Vorrecht gegeben, Kanäle seiner Gnade zu sein, hingegebene Gefäße aus Ton, die den großen Schatz seiner Gegenwart und Kraft auf viele andere ausgießen. Wir haben große Menschenmengen in einem Augenblick vom Tod ins Leben übergehen sehen, als sie Jesus Christus als ihren Herrn und Erlöser annahmen. Viele, die vom Teufel überwältigt waren, wurden freigesetzt von der Finsternis, die sie gefangenhielt, und genießen nun herrliche Freiheit in Christus. In jeder unserer Evangelisationen überrascht uns Gott mit unglaublichen Heilungswundern. Die ganze Zeit haben wir Gottes wunderbare Hand gesehen, die Wiederherstellung, Versöhnung, Wohlstand, Wachstum, Multiplikation und alle Arten von Segnungen bringt.

Ich verstehe das Evangelium in integraler Weise. Daher versuche ich, jeder Person zu helfen, die Lösung für seine oder ihre spezifische Not in der kostbaren Person Jesu Christi zu finden. Doch wenn ich ein Element auswählen sollte, das durch Gottes Willen in unserem Dienst hervorsticht, dann ist es die Tatsache, Kanäle der Wiederherstellung und geistlichen Erneuerung für so viele Leben und Dienste gewesen zu sein. Hunderttausende von Menschen, die unsere Gottesdienste in verschiedenen Teilen der Welt besucht haben, gaben Zeugnis von einer frischen Salbung, die Veränderung in ihr Leben brachte, in ihre Gemeinschaft mit Gott und in ihren Dienst als Christen.

Zum Beispiel Pastoren aus verschiedenen Denominationen, die in ihrem persönlichen Leben und Dienst frustriert waren, wurden zusammen mit ihren Gemeinden völlig verändert. Mit Gottes frischer Salbung dienen sie auf einem neuen Niveau von Kraft und Autorität und ernten die Frucht ihrer persönlichen Erweckung.

Wenn das frische Öl der Salbung in die Herzen von Christen ausgegossen wird, werden sie für immer verändert. Einige haben nie die Erfahrung des Lebens im Heiligen Geist gemacht. Das Erlebnis anderer war trocken und lag brach, beinahe erstickt in der Routine. Doch plötzlich durchflutete der Heilige Geist ihre Leben auf neue Weise wie ein ungestümer Strom. Wie ein mächtiger Wind wehte er über sie, und sie sind seither nie mehr dieselben gewesen.

Unabhängig von ihrem geographischen Kontext, ihrer sozio-ökonomischen Realität oder ihrem religiösen Hintergrund genießen Christen auf der ganzen Welt dieselbe Erfahrung: eine neue Gemeinschaft mit dem Heiligen Geist, eine neue Leidenschaft, Jesus zu bezeugen, ein brennendes Verlangen, mehr von Gott zu suchen, eine neue unglaubliche Freude und einen Hunger und Durst, dem Herrn mehr und mehr zu dienen.

Auf der ganzen Welt drücken Christen dasselbe Verlangen und Anliegen aus, ihre frische Salbung aufrechtzuerhalten. Wo auch immer ich hinkomme, höre ich dieselbe Frage: „Pastor Claudio, was muß ich tun, um die Salbung am Fließen zu halten?" Einige, die mit dem Öl erfüllt sind und im Feuer des Heiligen Geistes brennen, fürchten, diese wunderbare Gemeinschaft mit Gott wieder zu verlieren. Bei anderen, die diese Fülle erlebt haben, ist das Gefäß zerbrochen und das Öl unterwegs verlorengegangen. Die Frage wird zwingend: Was kann ich tun, um die Salbung am Fließen zu halten?

Der Text zu Beginn dieses Kapitels stammt von der biblischen Geschichte der Begegnung zwischen Elia und der Witwe von Zarpat. Die Witwe sammelte Feuerholz, um das letzte Mahl zu bereiten, das sie und ihr Sohn essen würden, da sie nichts mehr zu essen hatten. Nach dem letzten Bissen würden sie einfach nur noch auf den Tod warten. Elia ruft sie und bittet um etwas Wasser in einem Gefäß, um etwas zu trinken und ein Stück Brot zu essen. Sie erklärt ihm, sie habe nur eine Handvoll Mehl im Gefäß und ein wenig Öl im Krug. Wenn das aufgebraucht war, würden sie und ihr Sohn einfach nur noch sterben können.

Das beschreibt den Zustand vieler Christen. Sie sind Kinder Gottes, und das Öl des Heiligen Geistes ist in ihrem Leben. Doch ihr geistliches Leben ist so gut wie tot – sie haben kaum Öl in ihren Gefäßen. Da ist sehr wenig Salbung. Sie lesen die Bibel und beten, doch sie tun das mit großer

Anstrengung, fast wie eine Last. Sie dienen dem Herrn, doch ohne jede Salbung, ohne jede Frucht.

Viele Christen, denen bewußt ist, daß ihre geistliche Situation genauso ist wie die der Witwe von Zarpat, bereiten sich auf ihren geistlichen Tod vor. Sie finden sich damit ab, ein Christenleben ohne jede Freude zu führen, ohne Kraft oder Glanz. Genau wie jene Frau leben sie ihren Glauben ohne jede Erwartung und warten nur auf ihren Tod.

Doch sie hatte eine Begegnung mit dem gesalbten Propheten Elia. Elia gab der Witwe eine Liste von Anweisungen, damit das Öl nicht ausginge. Laß uns zusammen diese Anweisungen betrachten.

Die richtige Einstellung

Der erste Befehl, den die Witwe von Elia erhielt, hat mit der richtigen Einstellung zu tun. Elias Anweisung lautete: „Fürchte dich nicht!" (1. Kö.17,13). Mein erster Rat an uns lautet: „Fürchte dich nicht." Leider hält ein Geist der Furcht viele Christen in Gebundenheit und hindert sie daran, ein Leben im Überfluß zu führen. Oft geschieht ihnen schließlich genau das, was sie befürchten.

Elia trug der Frau auf, keine Angst zu haben. Sie mußte aufhören, sich mit der Tatsache abzufinden, daß sie und ihr Sohn sterben würden. Sie mußte ihren Sinn von negativen Gedanken und von Unglauben befreien. Einige Christen beginnen in dem Augenblick, wo sie eine neue Erfahrung mit dem Herrn machen, zu denken: *Ich frage mich, wie lange das wohl anhalten wird?* Vielleicht haben sie der Flamme des Feuers Gottes erlaubt zu erlöschen und fühlen sich nicht qualifiziert, nochmals von vorn zu beginnen. Oder sie haben Angst, die frische Salbung zu verlieren, die sie empfangen haben. Wir dürfen nicht so denken – versunken in Unglauben, Zweifel und Furcht.

Als Gott dich mit seinem Heiligen Geist gesalbt hat, hat er dir nicht einen Geist der Schüchternheit oder Furcht gegeben. Das Öl, das auf dich herabgekommen ist, ist der Geist der Liebe, Kraft und Besonnenheit (2. Tim. 1,7). Finde dich nicht damit ab, daß dein Christenleben eines langsamen Todes sterben wird. Akzeptiere nicht als Tatsache, daß deine Gemeinschaft mit Gott verblasst. Akzeptiere nicht Schwäche im Zeugnisgeben und im Dienst Gott gegenüber als normal. Laß dich nicht von Furcht lähmen, so daß du schließlich alles verlierst, was Gott dir gegeben hat. Wenn du die

Anweisungen des Wortes befolgst, das wir zusammen studieren, wird das Salböl des Heiligen Geistes in deinem Leben nicht austrocknen.

Die richtigen Prioritäten

Elias zweite Empfehlung hat mit den *Prioritäten im Leben* zu tun. Die Frau sagte ihm, sie würde nach Hause gehen und mit jener Handvoll Mehl und Öl ein Mahl für sich und ihren Sohn zubereiten, um zu essen und dann zu sterben. Elia äußert eine seltsame Bitte. Er sagt: „Geh hinein, tu nach deinem Wort! Doch *zuerst* bereite mir davon einen kleinen Kuchen zu und bring ihn mir heraus! Dir aber und deinem Sohn magst du danach etwas zubereiten“ (1. Kö. 17,13; Schrägdruck hinzugefügt). Das Wort *zuerst* ist ein Schlüsselwort. Auf den ersten Blick könnten wir meinen, Elia sei ein unsensibler Mann. Obwohl er wußte, daß dies eine äußerst arme Witwe war, die nur ein paar Bissen zu essen hatte, bevor sie verhungern würde, bittet er sie, Speise für ihn zuzubereiten. Doch es ist nicht so. Elia wendet ein grundlegendes Prinzip zum Empfangen der Segnungen Gottes an.

Dieses Prinzip gilt für unsere Finanzen, wie in der Situation der Witwe, aber auch für jeden anderen Bereich. Willst du Segen in deinem Familienleben, deinen Studien, deiner Berufung, deinem Beruf, deinen Beziehungen und deinem Dienst? Dann wende dieses Prinzip an. Es ist das Prinzip der Prioritäten. Gib immer Gott zuerst; Gott, der niemandem etwas schuldig bleibt, wird dir geben, was du brauchst, und sogar noch mehr. Weihe dein Leben Gott. Laß ihn das Wichtigste in deinem Leben sein. Wenn du das tust, wird das Salböl des Heiligen Geistes nie austrocknen. Ich habe Tausenden und Abertausenden von Menschen gedient und nie jemanden getroffen, der die Intensität der Salbung verloren hat, wenn er Jesus an die erste Stelle seines oder ihres Lebens gesetzt hat.

Der geforderte Gehorsam

Das dritte Prinzip, das wir beachten müssen, damit das geistliche Öl nicht austrocknet, ist das des *Gehorsams*. Versuche dich einmal einen Augenblick in die Situation jener Witwe zu versetzen. Du lebst inmitten einer katastrophalen nationalen Krise. Aufgrund einer Dürre gibt es absolut nichts zu essen. Alles, was du noch übrig hast, ist eine Handvoll Mehl und ein bißchen Öl in deinem Krug. Alles, was du noch tun kannst, ist, es aufessen und dann sterben. Doch plötzlich taucht jemand auf und sagt dir: „Bevor du und dein Sohn essen, gib mir etwas zu essen." Was hättest du getan, was hättest du gesagt?

Wenn der Töpfer seine Hände an dich legt und dich zu seinem Gefäß formt, füllt er dich mit Öl, so daß du für andere ein Segen sein kannst. Ungehorsam jedoch ruiniert das Gefäß und bringt das Öl zum Auslaufen. Viele Christen sind von Gott stark gesalbt, um mächtig mit Zeichen und Wundern zu dienen. Gott befiehlt ihnen, in seinem Namen für die Kranken zu beten, denn er wird sie heilen. Doch anstatt die Anweisungen Gottes zu befolgen, bekommen sie trotz der Salbung Angst, verlieren ihren Glauben und enden schließlich in Ungehorsam, wenn sie vor einem Kranken stehen. Sie tun das immer und immer wieder, bis Gott ihnen nicht länger vertrauen kann. Und so nimmt sehr langsam die Salbung ab.

Viele Christen haben eine wunderbare Salbung von Gott empfangen. Er berührt sie, erfüllt sie mit Freude, gibt ihnen äußerliche Zeichen, damit sie lernen zu vertrauen, und füllt sie bis zum Überfließen mit seiner Liebe. Überglücklich empfangen sie diese Salbung, erlauben aber weiterhin Sünde in ihrem Leben. Sie wollen die Kraftsalbung, doch sie sind nicht bereit, die Dinge aufzugeben, die gegen den Geber der Salbung gehen. Salbung und Sünde können nicht lange zusammen gehen. Entweder rottet die Salbung die Sünde aus, oder die Sünde rottet die Salbung aus, denn Finsternis hat keine Gemeinschaft mit Licht. Ungehorsam zerbricht das Gefäß und verdirbt das Salböl. Es ist wichtig, ein Leben im Gehorsam zu führen, damit das Öl nicht austrocknet.

Die notwendige Absonderung

Elia schickt die Witwe nach Hause. Gott würde etwas Erstaunliches in ihrem Leben tun, und sie mußte zu Hause sein. Der Christ muß ganz neu die Wichtigkeit der Zeit allein mit Gott verstehen. In den letzten Jahren haben wir viele Menschen gesehen, die Gott suchen. Die Gottesdienste sind voll von Menschen, die Gott preisen und Gebet empfangen wollen. Das ist wunderbar, doch es muß zusätzlich zu unserer eigenen Zeit mit Gott geschehen.

Unsere Salbung für den Dienst in der Öffentlichkeit ist direkt abhängig von der Zeit, die wir allein mit Gott verbringen. Es gibt keine Geheimnisse.

Gesalbte Menschen, die in jeder Generation von Gott gebraucht wurden, waren Menschen, deren Gebetsleben reich und beständig war. Gebet muß eine tägliche Praxis sein für jeden Christen. Zusätzlich zu unserer täglichen „Stillen Zeit" mit Gott ist es wichtig, so viel wie möglich mit ihm allein zu sein – nicht nur, um mehr von ihm zu suchen, sondern auch, damit unsere Salbung zunimmt. Es ist eine Art persönlicher Erbauung. Wir sehen Jesus das in seinem eigenen Leben praktizieren, indem er sich zurückzieht, um mit seinem Vater allein zu sein. Das war die Zeit, die er schuf, um mehr heilige Salbung von seinem Vater zu empfangen.

Die übertragene Salbung

Elia und Elisa hatten nicht nur ähnliche Namen; sie hatten auch ähnliche Dienste. In 2. Könige tut Elisa ein ähnliches Versorgungswunder für eine andere Witwe. In diesem Fall ist es die Witwe eines Propheten. Ihr Mann hatte Gott verehrt, doch er war gestorben, und da waren Schulden zu bezahlen. Da sie nicht die Mittel hatte, die Schulden zu bezahlen, wollte der Gläubiger ihre beiden Söhne als Sklaven nehmen. Elisa fragte die Witwe, was sie in ihrem Hause habe. Sie antwortete: „Deine Magd hat gar nichts im Haus als nur einen Krug Öl."

Es ist ganz egal, was deine Not sein mag – finanziell, emotional, familiär, beruflich, im christlichen Dienst oder Beziehungsprobleme. Wenn Öl im Gefäß ist, wird Gott deine Not in Segen verwandeln.

Elisa sagt der Witwe, was sie mit jenem Ölkrug tun solle. Doch wie in der Geschichte von Elia und der Witwe von Sarpat klingen die Worte des Propheten seltsam und etwas lächerlich: „Geh hin, erbitte dir Gefäße von draußen, von all deinen Nachbarinnen, leere Gefäße, aber nicht zu wenige! Dann geh hinein und schließ die Tür hinter dir und hinter deinen Söhnen zu und gieß in all diese Gefäße; und was voll ist, stelle beiseite!" (2. Kö. 4,3-4)

Findest du nicht auch, daß das etwas albern klingt? Die Nachbarn um Öl zu bitten anstatt um Gefäße, würde für mich etwas mehr Sinn machen. Öl war kostbar und gut zu verkaufen, und so hätten sie Geld, den Gläubiger zu bezahlen. Die Gefäße hatten sehr geringen Wert. Sie sollte um Öl bitten, nicht um Gefäße. Doch Elisa trägt ihr auf, um Gefäße zu bitten! Die Lehre ist recht offensichtlich. Damit die Salbung nicht austrocknet, müssen wir sie weitergeben. Viele Christen sollten diese Wahrheit lernen. Sie verbringen ihre Zeit damit, um mehr Salbung zu beten, um mehr Öl. Doch Gott sagt ihnen: „Bitte nicht um Öl! Bitte um mehr Gefäße. Wenn mehr Gefäße da sind, werde ich mehr Öl ausgießen, und das Öl meiner Salbung wird nie ausgehen."

Das Wort sagt, die Gefäße wurden gefüllt mit Öl. Die Söhne brachten immer mehr Gefäße, und anstatt auszutrocknen, floß das Öl immer weiter und füllte immer mehr Gefäße. Es hörte erst auf zu fließen, als keine Gefäße mehr vorhanden waren, die gefüllt werden könnten. Das Öl der Salbung wird enden, wenn du nicht länger andere Gefäße hast, denen du deine Segnungen weitergeben kannst. Solange neue Gefäße für das Öl des Heiligen Geistes zur Verfügung stehen, wird die Salbung weiter fließen.

Die Witwe und ihre Söhne mußten zu ihren Nachbarn gehen, um nach Gefäßen zu suchen. Du bist das Gefäß voller Öl. Deine Nachbarn, deine Angehörigen, Freunde und die Menschen um dich herum sind die Gefäße, denen du das Werk auf Golgatha mitteilen möchtest. Solange du mit ihnen über den Herrn sprichst, ihnen dienst, deine Salbung mit ihnen teilst, wird dein Öl frisch und intakt bleiben.

Die Menschen, die ihr Leben mit dir teilen – zu Hause, in der Arbeit, in der Nachbarschaft, in der Schule – sind leere Gefäße. Sie sind Gefäße, weil der Töpfer sie geschaffen hat, genau wie er dich geschaffen hat. Doch sie sind leer; sie haben nicht das Öl der Gegenwart des Heiligen Geistes. Sie sind leere Gefäße, bedürftig, sie ermangeln all der Dinge, die allein Jesus Christus im Leben von Menschen schaffen kann. Wenn du sie segnest, werden zwei Dinge geschehen. Sie werden nicht länger leer sein, und dein Öl wird nicht austrocknen, sondern sogar noch stärker fließen.

Gott will die letzte große Bewegung seines Geistes auf alles Fleisch bringen. Ein Segen zu sein für die Menschen um uns herum, ist nur der Anfang – er erwartet das. Er möchte, daß dein Einfluß direkt oder indirekt bis an die Enden der Erde reicht. Gott ermutigt seine Gemeinde zu einer größeren Verpflichtung der Mission gegenüber. Wir müssen für die Ausgießung des Heiligen Geistes auf jedes Volk, jede Rasse, Sprache und Nation beten, so daß eine mächtige Erweckung die ganze Erde bedecken kann.

Die Gefäße, um die die Witwe bitten mußte, hatten mehrere Merkmale. Sie mußten von den Nachbarn geliehen werden, und sie sollten „nicht wenige" sein (V. 3). Du sollst wissen, wenn du um Gefäße bittest und nicht nur um Öl, wird Gott dir viele Menschen in Not senden, damit du ihnen dienen und sie segnen kannst. Ganz plötzlich wirst du beginnen, Menschen in ganz neuem Licht zu sehen. Du wirst sie nicht oberflächlich ansehen, sondern der Heilige Geist wird dir die Nöte tief in ihren Herzen zu zeigen beginnen. Du wirst fähig sein, ihnen auf spezifische Weise zu dienen, und die Salbung wird mit dir gehen und in dir zunehmen. Vergiß nie, das Öl wird nur dann aufhören zu fließen, wenn keine Gefäße mehr zum Füllen vorhanden sind.

Der Töpfer hat dich geformt und zu einem Gefäß gemacht. Wenn du mit dem Öl des Heiligen Geistes erfüllt bist, segnest du die Menschen um dich herum. Wenn du dich so hoffnungslos fühlst wie die Witwe von Zarpat, möchte ich dich ermutigen, dein geistliches Leben nicht sterben zu lassen, sondern dafür offen zu sein, eine neue Salbung zu empfangen.

Wenn du um Öl gebeten hast, hast du Gottes Salbung schon empfangen. Nun bitte um Gefäße und gib ihnen das Öl weiter, mit dem Gott dich erfüllt hat.

17. Wassergefäße

> Und hast du Durst, dann geh zu den Gefäßen und trink von dem, was die Knechte schöpfen. Ruth 2,9

Könnte es sein, daß Gott Notleidenden dieselbe Einladung zuspricht wie Boas der Ruth? Könnte es sein, daß Gott die Menschen auffordert, die Jesus nicht in ihrem Leben haben und leer, depressiv, verzweifelt, krank und bedrückt sind, zu gehen und zu trinken von den Gefäßen, die die Knechte, die Christen, gefüllt haben? Würden die notleidenden Menschen in dir, einem Gefäß des Herrn, eine wahre Antwort für ihr Leben finden – das frische Wasser, das ihren Durst löscht? Bist du ein Knecht, der die Durstigen mit Wasser versorgen und die Notleidenden segnen kann?

Neun Jahrhunderte nach der Geschichte von Ruth fand eine ähnliche Episode statt. Genau wie Ruth, die Moabiterin, war der Protagonist eine durstige Ausländerin. Ihre Geschichte findet sich im Johannesevangelium Kapitel 4. Wenn wir auch ihren Namen nicht kennen, so ist sie heute doch bekannt als die Samariterin.

Diese Episode im Leben und Dienst Jesu gibt uns die Gelegenheit, Gottes große Liebe zu uns zu verstehen. Weißt du, daß dein Leben für Gott außerordentlich kostbar ist? Er möchte, daß die ganze Welt Jesus als ihren Herrn und Erlöser kennenlernt.

Laß uns diese Geschichte aufmerksam betrachten. Die ersten dreißig Verse in diesem Kapitel sind der Art und Weise gewidmet, wie Jesus mit einer samaritischen Frau umging. Nur drei Verse sind der Erweckung in Samaria gewidmet.

Wir hätten vielleicht seitenweise Berichte geschrieben über das, was Gott in einer Stadt tat, und dann, fast beiläufig, als bloßes Beispiel, ein persönliches Erlebnis mitgeteilt. Gott jedoch handelt anders. Natürlich war er an der Erweckung in Samaria interessiert, aber die Frau interessierte ihn mehr. Zuallererst, weil er sie liebte und als Individuum schätzte. Zweitens, weil er wußte, wenn er dieser Frau des leichten Lebens, die keinerlei religiösen Verdienste aufzuweisen hatte, Aufmerksamkeit widmete, würde das der ganzen Stadt Erweckung bringen. Gott ist interessiert an der Erweckung deiner Stadt. Doch zuvor, damit das geschehen kann, *muß er an dir handeln.*

Jesus war müde, hungrig und durstig, doch die Bedürfnisse dieser Frau standen an erster Stelle: „Meine Speise ist, daß ich den Willen dessen tue, der mich gesandt hat, und sein Werk vollbringe" (Johannes 4,34). Das Wichtigste für den Herrn war nicht, seine eigenen Wünsche und Bedürfnisse zu erfüllen, sondern die Mission zu vollenden, die der Vater ihm anvertraut hatte, als er ihn in diese Welt sandte. Diese Mission bestand darin, den Nöten der Menschen zu begegnen. Jesus war mit einer teilweisen Erfüllung dieser Mission nicht zufrieden. Er wollte sie vollständig erfüllen. Er wollte jedem Menschen eine Chance geben, ewiges Leben zu erhalten, ein Leben in den Absichten Gottes. Das war der Wille, den der Vater ihm offenbart hatte, und er, als geliebter Sohn, wollte dem gehorchen. Gott hat sich nicht verändert. Sein Herz sehnt sich auch heute noch nach den Unerretteten.

Gott ist daran interessiert, was hier auf der Erde geschieht. Die Kenntnis seiner Herrlichkeit soll auf Erden offenbart werden, und dazu braucht er dich. Genau wie die Samariterin der Träger war, den er gebrauchte, um eine ganze Stadt zu erreichen, so will er dich gebrauchen, deine Stadt und Nation zu erreichen. Weil er dich liebt und dein Volk liebt, hat er seine Augen auf dich gerichtet.

Du magst glauben, damit eine Erweckung geschehen kann, müßtest du eine ganze Menschenmenge erreichen. Doch das ist nicht, was in dieser Geschichte im 4.Kapitel des Johannesevangeliums geschah. Jesus begann nicht damit, einer ganzen Menge von Samaritern zu dienen. Er begann damit, den Nöten einer einzigen Person zu begegnen, einer Frau, die einen schlechten Ruf hatte. Verstehe diese Geschichte und schau dir genau an, was Jesus tat, denn das ist die Art und Weise, wie Gott dich gebrauchen möchte. Denke nicht an eine Menschenmenge; denke nur an eine einzige Person. Die Multiplikation wird folgen, weil Gott derjenige ist, der das Werk tut.

Rassenbarrieren überwinden

Jesus war an der Samariterin interessiert. Doch die Konfrontation geschah nicht so einfach – Jesus mußte viele Barrieren überwinden. Die erste war die Rassenbarriere. Juden und Samariter waren nicht gut aufeinander zu sprechen. Sie waren Feinde. Die Juden hielten die Samariter für unrein. Früher in der Geschichte hatten die Samariter sich mit Ausländern vermischt und wurden für immer als unrein gebrandmarkt. Aus diesem Grund war kein Jude je bereit, eine Beziehung mit einem Samariter einzugehen. Die Samariter ihrerseits waren nicht bereit, den Juden die Zerstörung ihres Tempels in Gerizim zu vergeben. Sie waren erklärte Feinde.

Jesus jedoch sah die Frau nicht als Feind an. Er sah eine Frau, die Segen brauchte und fähig war, diesen Segen an andere weiterzugeben. Vergiß nicht, als Gott dich fand, warst du sein Feind. Die Bibel sagt, wenn wir uns nicht seinem Willen hingeben, leben wir als Feinde Gottes. Doch Gott sah dich nicht als seinen Feind an, sondern vielmehr als jemanden, der seine Liebe brauchte. Und er sah nicht nur dich, sondern all die Menschen, die eines Tages durch deinen Dienst angerührt werden würden. Jesus hielt sich nicht damit auf, die menschlichen Differenzen und Streitereien zu durchleuchten.

Es wird immer Menschen geben, die rassistische, politische, ökonomische oder andere Differenzen mit dir haben. Der Herr möchte, daß du sie so siehst wie er sie sieht – Menschen, die seine Berührung brauchen und zukünftige Multiplikatoren des Segens sind. Sie sind die Träger der Erweckung, genau wie du.

Soziale Barrieren überwinden

Jesus mußte auch soziale Barrieren überwinden. In jenen Tagen sprach ein Mann nicht in der Öffentlichkeit mit einer Frau. Und doch war Jesus bereit, alle Vorurteile zu durchbrechen und einer sehr unglücklichen Frau zu dienen, die keinen Frieden hatte.

Er ist nicht an Vorurteilen oder religiösen Themen interessiert. Er ist nur an Menschen interessiert. Die samaritische Frau betete am Berg Gerizim an und die Juden in Jerusalem. Jesus war das ganz egal. Er ist nicht an deiner Religion interessiert, sondern an deinem Leben. Jesus überwand religiöse und soziale Vorurteile, um jedem Menschen überfließendes, ewiges Leben zu bringen.

Er möchte deine Bereitschaft, alle sozialen und persönlichen Vorurteile in deinem Leben zu überwinden. Er möchte das tiefste Innere einer Person anrühren, den Ort, wo ihre wahre Situation offenbart wird. Dort wird der scharfe Schmerz der Einsamkeit empfunden, dort wird die Bitterkeit des Abscheus geschmeckt. Dort fühlen die Menschen Verlassensein und Liebesmangel. Dort ist der Schlag ihres verwundeten Herzens zu hören und dort lauert die ständige Qual, die den Frieden stiehlt und Leid offenbart. Das ist der Ort, wo der Herr dich braucht. Er möchte, daß du dieses tiefste Innere in den Menschen erreichst und ihnen eine radikale Veränderung bringst.

Geistliche Barrieren überwinden

Um ein Segen für die samaritische Frau zu sein und um durch sie eine ganze Stadt zu segnen, mußte Jesus einige geistliche Barrieren überwinden. Jesus Christus, der Sohn Gottes, der ganz ohne Sünde war, begegnete dieser Frau mit dubiosem Ruf – ein Wunder der Liebe. Gott, der dreimal Heilige, haßt Sünde, und doch möchte er innige Gemeinschaft mit jedem einzelnen von uns haben. Er haßt Sünde, weil Sünde uns von ihm trennt und unsere Beziehung zu ihm und zu anderen zerstört.

Jesus redete nicht um den heißen Brei herum. Er kam genau auf den Punkt: „Du hast recht gesagt: Ich habe keinen Mann; denn fünf Männer hast du gehabt, und der, den du jetzt hast, ist nicht dein Mann“ (Joh. 4,17-18). Jesus will nicht unsere Sünden verbergen oder so tun, als existierten sie nicht. Er weiß genau, solange wir an Sünde gebunden sind, können wir nicht glücklich sein. Er verlangt wahre Buße und eine völlige Hingabe an ihn. So wie er an dir gewirkt hat, möchte er dann, daß du andere zur Buße führst und dazu bringst, ihre Herzen Jesus auszuliefern.

Es gibt eine einfache Methode

Diese Methode, die samaritische Frau zu erreichen, war recht einfach. Sie ist ein Vorbild, dem wir folgen können. Laß uns einige der Aspekte ansehen.

Stelle Kontakt her

Das erste, was er tat, war, Kontakt mit ihr herzustellen. Einige der besten Gelegenheiten zur Evangelisation geschehen ganz natürlich, inmitten normaler Umstände – an der Arbeitsstelle, zu Hause, an der Bushaltestelle, während einer Taxifahrt, in der Warteschlange in der Bank, im Supermarkt oder über einer Tasse Kaffee mit einem Freund.

Gelegenheiten gibt es genug, wenn wir dafür offen sind. Wenn wir nicht bereit sind, unseren Glauben mit anderen zu teilen, werden wir immer Ausreden finden. Wenn wir uns jedoch glühend danach sehnen, daß andere Jesus Christus kennenlernen, werden wir immer Gelegenheiten finden, über unseren Glauben zu reden, und der Heilige Geist wird den Rest tun.

Die Menschen hungern nach Gott. Sie drücken ihre Not aus wie nie zuvor. Ohne es zu merken, schreien sie nach einer tieferen Beziehung mit uns. Sie mögen es vielleicht nicht aussprechen, aber sie flehen uns an, ihre Probleme anzuhören. Durch ihre Haltungen offenbaren sie, wie sehr sie unsere Liebe und unseren Frieden brauchen. Mit anderen Worten, sie bitten uns, ihnen Jesus zu predigen.

Unsere Welt ist bereit wie nie zuvor, Jesus anzunehmen. Einige Menschen in der Gemeinde sagen vielleicht: „Von welcher Erweckung redest du eigentlich? Siehst du nicht, in welche Richtung die Welt geht? Wir sind weit entfernt von einer Erweckung." Die Jünger Jesu dachten so, und er mußte ihre Vision korrigieren: „Sagt ihr nicht: Es sind noch vier Monate, und die Ernte kommt? Siehe, ich sage euch: Hebt eure Augen auf und schaut die Felder an, denn sie sind schon weiß zur Ernte" (Joh. 4,35). Jesus sagt uns auch heute noch, daß die Felder reif sind zur Ernte.

Wie die samaritische Frau, so mögen einige Menschen so aussehen, als hätten sie keine Nöte. Doch Jesus sah tief in ihr Innerstes hinein. Äußerer Anschein kann sehr täuschen. Menschen mögen es vielleicht nicht zugeben, doch ihre Herzen sind leer. Die einzige Person, die in ihrem Herzen wohnen und ihrem Leben Sinn geben kann, ist unser Herr Jesus Christus. Ebenso wenig wie es unseren Hunger stillt, die Existenz von Essen zu leugnen, weil der Mensch nun einmal so geschaffen wurde, daß er physische Nahrung braucht, wird es auch nicht unseren geistlichen Hunger stillen, die Existenz Gottes zu leugnen, weil der Mensch nun einmal dazu geschaffen wurde, in Harmonie mit seinem Schöpfer zu leben.

Bete, daß Gott dir heute und jeden Tag Gelegenheit geben möge, das Evangelium weiterzusagen. Suche diese persönliche Begegnung im Gebet, und Gott wird dir die Türen öffnen. Er wird dir Unterscheidungsvermögen geben für die wahre Not der Person, und er wird dir auch die Worte und die Kraft geben, jede Person mit seiner unendlichen Liebe anzurühren.

Errege die Aufmerksamkeit der Person

Jesus erregte die Aufmerksamkeit der Frau, indem er sie mit ihrer Realität konfrontierte. Etwas fehlte in ihrem Leben. Sie erlebte keine Erfüllung. Sie fühlte sich leer, trocken, enttäuscht und deprimiert.

Wie kannst du die Aufmerksamkeit der Menschen erregen? Du tust das mit einem Leben, das anders ist – nicht nur aufgrund dessen, *was du tust*, sondern aufgrund dessen, *was du bist* und *was du werden kannst*. Ein fröhliches, friedvolles und sicheres Leben wird ihre Neugier nach mehr wachrütteln. Die Menschen wollen keine Worte; sie wollen veränderte Leben sehen. Du mußt kein Prediger sein; erzähle ihnen einfach, was Jesus in deinem Leben getan hat, und zeige ihnen den Beweis dieser Veränderung in deinen Taten.

Gehe auf ihre Bedürfnisse ein

Jesus sprach ganz spezifisch die Not der Person an. Die Samariterin versuchte, das Thema zu wechseln mit der Frage, wo sie denn anbeten sollten. Jesus antwortete auf ihre Frage freundlich, lenkte sie aber schnell wieder zurück zu ihrem geistlichen Problem.

Wenn du möchtest, daß dein Zeugnis effektiv ist, muß es auf die spezifischen Bedürfnisse der Person Antwort geben. Das Evangelium ist nicht eine unpersönliche Repräsentation – es ist dann effektiv, wenn es auf die Nöte deines Gegenübers eingeht. Als Jesus die Siebzig mit einer Mission aussandte, trug er ihnen zuallererst auf, die Kranken zu heilen. Erst dann sollten sie das Evangelium des Reiches predigen. Wir konfrontieren Menschen mit der Guten Nachricht von Jesus Christus in den Nöten jeder Einzelperson.

Führe sie zu einer Entscheidung

Jesus führte die Samariterin zu einer Hingabe ihres Lebens. Die Frau sagte ihm: „Ich weiß, daß der Messias kommt, der Christus genannt wird; wenn jener kommt, wird er uns alles verkündigen“ (Joh. 4,25). Mit anderen Worten sagte sie: „Was du mir sagst, ist sehr interessant, aber im Moment gibt es nichts, was wir tun könnten.“

Jesus jedoch konfrontierte sie mit den Worten: „Ich bin's, der mit dir redet“ (V. 26).

Jede Gelegenheit, wo das Evangelium präsentiert wird, ist ein kritischer Augenblick. Mit Sanftheit und Fürsorge müssen wir die Menschen zu einer Entscheidung führen. Hindere sie nicht durch Furcht oder extreme Vorsicht. Wenn eine Person erst einmal dein Zeugnis gehört und verstanden hat, wie Jesus persönlichen Nöten begegnet, frage einfach: „Möchtest du, daß ich dich in einem persönlichen Gebet leite, so daß du Jesus Christus als deinen Herrn annehmen kannst?“

Wie du siehst, ist die Methode denkbar einfach. Bete für die Gelegenheit; stelle persönlichen Kontakt her; zeige dich interessiert an den Nöten der Person; erzähle dein Zeugnis bezüglich dieser Nöte; und schließlich führe die Person dahin, Jesus als Herrn ihres Lebens anzunehmen.

Gefäße, die zu Wasserquellen werden

Die wichtigste Frage ist nicht, wie es zu tun ist. Wie wir gesehen haben, ist es recht einfach. Das Wichtigste ist, nicht den so häufig von Christen begangenen Fehler zu machen und zu denken, Evangelisation würde nur von außergewöhnlichen Leuten getan – Pastoren, Missionaren, ordinierten Gottesdienern, Diakonen oder Ältesten. Gott braucht keine außergewöhnlichen Leute. Er braucht gewöhnliche Menschen, um die Liebe und Kraft eines außergewöhnlichen Gottes zu offenbaren.

Die Samariterin kam an den Jakobsbrunnen mit einem Gefäß in der Hand, um für sich selbst etwas Wasser zu schöpfen. Doch als sie Jesus begegnete, verwandelte er dieses Gefäß in Wasserquellen. Sie mußte sich entscheiden, dieses Wasser nicht nur für sich selbst zu gebrauchen, sondern diese Wasserquelle, die in ihr aufsprudelte, dazu zu nutzen, anderen Menschen ewiges Leben zu bringen.

Du mußt entscheiden, ob du ein Gefäß bist, das Wasser allein für sich hortet, oder eine Wasserquelle, die für andere ewiges Leben hervorsprudelt. Eigentlich haben wir gar keine Wahl. Wir sind berufen, Quellen zu sein. Gott hat dich berufen, anderen ein Segen zu sein. Ein selbstbezogener Christ ist ein Widerspruch in sich. Man kann nicht Christ sein, solange man für sich selbst lebt. Wollen wir Gefäße sein, die sich nur um sich selbst drehen und immer erwarten zu empfangen? Wollen wir Gefäße sein, die das Evangelium nicht weitergeben aus Furcht, was andere denken mögen, gleichgültig den Nöten anderer gegenüber, oder die einfach nur denken, Gott habe uns errettet, damit wir tun können, was wir wollen? Ganz im Gegenteil, Gott hat uns berufen, Wasserquellen zu sein, echte Christen. Unser Zentrum ist jetzt Christus. Unser Verstand ist nicht länger unser, sondern der Sinn Christi, mit seinen Gedanken und seiner Liebe für andere Menschen.

Erlaube Gott, dieses Buch zu gebrauchen, um die Ausrichtung deines Lebens zu verändern. Er hat dich zu einem Gefäß gemacht, so daß du all seine Liebe und Kraft empfangen kannst. Doch nun möchte Gott, daß du zu einer Wasserquelle wirst. Zu Ende dieses Kapitels sage nicht einfach: „Herr, segne mich.“ Laß es zu deinem Herzensschrei werden: „Herr, hilf mir, ein Segen für andere zu sein.“

18. Salzgefäße

> Da sagte er: „Bringt mir eine neue Schale und tut Salz hinein!“ Und sie brachten sie ihm. Und er ging hinaus zu der Quelle des Wassers, warf das Salz hinein und sagte: „So spricht der Herr: Ich habe dieses Wasser gesund gemacht. Nicht mehr soll Tod und Fehlgeburt daraus entstehen.“ 2. Könige 2,20-21

Eine der Notwendigkeiten, die täglich deutlicher wird bezüglich der Aufgabe der Gemeinde in der heutigen Welt ist die Dringlichkeit, unsere Städte für Jesus einzunehmen und unter die Königsherrschaft Gottes zu bringen. Die meiste Zeit unserer Geschichte hindurch haben wir das für eine beinahe unmögliche Aufgabe gehalten. Heute jedoch ermutigen uns viele prophetische Stimmen, unsere Städte für den Herrn einzunehmen.

Als Gott durch seinen Diener Johannes spezifische Botschaften an die sieben Gemeinden in Kleinasien sandte, schloß er jede einzelne mit der Ermahnung zu hören, was der Heilige Geist den Gemeinden sagte (Off. 2-3). Dieselbe Ermahnung ist auch heute noch gültig. Jede Generation von Gläubigen muß aufmerken und auf die Betonung hören, die der Heilige Geist in einer spezifischen Periode ihrer Geschichte auf die Gemeinde legt.

Das Mandat des Herrn an Jona, eine große Stadt für ihn zu gewinnen, scheint das Mandat für heute zu sein. Der göttliche Befehl an Jona war sehr klar: „Mache dich auf, geh nach Ninive, der großen Stadt, und ruf ihr die Botschaft zu, die ich dir sagen werde“ (Jona 3,2). Der Herr sandte ihn zu dieser großen Stadt, um seine Botschaft zu verkündigen.

Heute, zu Ende des zwanzigsten Jahrhunderts und kurz vor der Wiederkunft Jesu Christi in all seiner Herrlichkeit, gibt der Heilige Geist denselben Befehl, der Jona gegeben worden war: „Mache dich auf, geh nach Ninive, der großen Stadt, und ruf ihr die Botschaft zu, die ich dir sagen werde."

Der Befehl, unsere Stadt für Jesus zu erreichen, basiert auf drei grundlegenden Prinzipien: Erstens, Gott ist interessiert an unseren Städten; zweitens, Gott sendet uns in die Städte; und drittens, Gott möchte die Städte erretten. Laß uns jedes Prinzip genau untersuchen.

Gott ist interessiert an unseren Städten

Städte nehmen in Gottes Erlösungsstrategie einen wichtigen Platz ein. Gottes Absicht ist, daß alle Menschen errettet werden:

> Ich ermahne nun vor allen Dingen, daß Flehen, Gebete, Fürbitten, Danksagungen getan werden für alle Menschen, für Könige und alle, die in Hoheit sind, damit wir ein ruhiges und stilles Leben führen mögen in aller Gottseligkeit und Ehrbarkeit. Dies ist gut und angenehm vor unserem Heilandgott, welcher will, daß alle Menschen errettet werden und zur Erkenntnis der Wahrheit kommen.
>
> 1. Timotheus 2,1-4

Wie du siehst, ist das Erlösungswerk Christi nicht selektiv, sondern hofft vielmehr, alle Sünder zu erreichen:

> Denn einer ist Gott, und einer ist Mittler zwischen Gott und Menschen, der Mensch Christus Jesus, der sich selbst als Lösegeld für alle gab, als das Zeugnis zur rechten Zeit. 1. Timotheus 2,5-6

Gottes Geduld in der Verzögerung seiner Wiederkunft entspringt seinem Verlangen, allen Menschen eine Gelegenheit zur Buße zu geben. Er will nicht, daß auch nur einer verlorengehe und ewig verdammt sei: „Der Herr verzögert nicht die Verheißung, wie es einige für eine Verzögerung halten, sondern er ist langmütig euch gegenüber, da er nicht will, daß irgendwelche verlorengehen, sondern daß alle zur Buße kommen" (2. Petr. 3,9).

Gott sieht das Predigen der Botschaft der Erlösung in den Städten als extrem wichtig an. Es ist dort, wo die größte Ansammlung von Menschen, die Errettung brauchen, zu finden ist.

Städte sind Gott wichtig. Im Alten Testament sehen wir, wie Gott Botschafter wie Jona aussandte, um ganze Städte zur Buße zu rufen. Im

Neuen Testament sehen wir Jesus weinen um die Stadt Jerusalem: „Jerusalem, Jerusalem, das da tötet die Propheten und steinigt, die zu ihm gesandt sind! Wie oft habe ich deine Kinder versammeln wollen wie eine Henne ihre Brut unter die Flügel, und ihr habt nicht gewollt!" (Lk. 13,34)

Aus denselben Gründen ist der Teufel extrem interessiert an unseren Städten. Es ist kein Zufall, daß im Buch der Offenbarung die letzte Schlacht zwischen Gott und Satan um zwei Städte geht – Jerusalem und Babylon. Wie jemand einst sagte: „Die Geschichte der Errettung begann in einem Garten, dem Garten Eden, und wird in einer Stadt enden, dem Neuen Jerusalem."

Gott sendet uns in die Städte

Der große Missionsbefehl, den Jesus der Gemeinde gab, begann in einer Stadt, Jerusalem, und wird seinen Höhepunkt finden in einer anderen Stadt, dem Neuen Jerusalem, wie wir schon gesehen haben. Das wird Gottes ewiger Wohnort bei seinem Volk sein. In einer Zeit, als die meisten Menschen in dörflichen Gegenden wohnten, wählte Jesus eine Stadt als Startpunkt für die Mission seiner Jünger.

Jesus trug ihnen auf, in der Stadt zu bleiben und zu warten, bis die Kraft aus der Höhe auf sie kommen würde. Dann sollten sie die Stadt für ihn einnehmen. Apostelgeschichte 1,8 deutet darauf hin, daß sie nicht weitergehen sollten nach Judäa und Samarien, bevor Jerusalem vollständig evangelisiert war. Menschliche Logik hätte eine völlig andere Strategie vorgeschlagen: von den Enden der Erde nach Jerusalem. Keiner von uns hätte Jerusalem gewählt, um eine neue religiöse Gruppe ins Leben zu rufen, noch viel weniger das Christentum. Das Leben dieser Stadt drehte sich um eine gut etablierte Religion, das Judentum. Da waren die Priester, der Tempel und die größte Ansammlung von Ritualen und Anbetung in der ganzen Nation.

Außerdem waren nur wenige Tage vergangen, seit Jesus von den Behörden gerichtet, verurteilt, öffentlich gekreuzigt und begraben worden war – in Jerusalem. Die Atmosphäre war nicht unbedingt die beste, um in jener Stadt eine evangelistische Aktivität zu initiieren. Wir hätten diese Strategie nicht gewählt. Doch Jesus tat es.

Und nicht nur erwählte er Jerusalem, er erwählte auch Männer, die nicht zu dieser Stadt gehörten, um sie einzunehmen. Seine Jünger hatten absolut keinerlei Erfahrung im Stadtleben. Sie hatten keinerlei Netz von Kontakten oder soziale, finanzielle oder politische Beziehungen in Jerusalem, die der evangelistischen Mission zuträglich sein könnten, die Jesus ihnen anvertraut hatte. Ganz im Gegenteil, die Jünger waren Männer aus verschiedenen Orten Galiläas. Im Johannesevangelium können wir die sozialen Vorurteile sehen, die die Leute gegen diese kleinen Orte hatten: „Nazareth! Kann irgend etwas Gutes von dort kommen?" Das „Establissement" verachtete die Arbeiter, die Jesus auserwählt hatte, die Stadt Jerusalem einzunehmen, als unwissend und primitiv.

Trotz alledem wurde der Missionsbefehl in einer Stadt wie Jerusalem erfüllt. Wenige Wochen nach dem Heimgang Jesu war Jerusalem durchdrungen mit dem Evangelium. Als Petrus und Johannes verfolgt und vor den Hohen Rat gestellt wurden, ermahnte der dortige Hohepriester sie mit den Worten: „Wir haben euch streng geboten, in diesem Namen nicht zu lehren, und siehe, ihr habt Jerusalem mit eurer Lehre erfüllt und wollt das Blut dieses Menschen auf uns bringen" (Apg. 5,28).

Wenige Tage später verließ die Gemeinde, erfüllt mit dem Heiligen Geist, das Obergemach und durchtränkte die Straßen der Stadt mit dem Evangelium von Jesus Christus. Sie verstanden klar und deutlich, daß die Salbung, die sie vom Heiligen Geist empfangen hatten, nicht dazu diente, im Obergemach wunderschöne Gottesdienste zu feiern. Gott hatte sie mit dem Heiligen Geist erfüllt, so daß sie ihrerseits die Stadt mit seiner Gegenwart erfüllen würden.

Doch die geistliche Lawine endete nicht an den Toren Jerusalems. Sie ging weiter nach Samarien und dann nach Antiochien. Dort in Antiochien geschah genau dasselbe noch einmal. Ganze Menschenmengen wurden für Jesus gewonnen: „Des Herrn Hand war mit ihnen, und eine große Zahl glaubte und bekehrte sich zum Herrn." Als die Christen in Jerusalem erfuhren, was in Antiochien geschah, sandten sie Barnabas. Über den Dienst von Barnabas lesen wir: „eine zahlreiche Menge wurde dem Herrn hinzugetan" (siehe Apg. 11,19-26). Auf diese Art wurde die erste Gemeinde unter den Heiden – eine Stadtgemeinde – gebaut.

Genau dasselbe würde später in Ephesus geschehen. Der erste Besuch des Paulus war kurz (siehe Apg. 18,19-21). Bei seinem zweiten Besuch traf Paulus eine Gruppe von zwölf Gläubigen, und sie formten eine Gemeinde. Ephesus war eine Stadt unter der Herrschaft der organisierten Religion. Das gesamte Sozial- und Wirtschaftsleben war konzentriert auf die Anbetung Dianas. Zu alledem widersetzte sich die ortsansässige Synagoge dem

Paulus (Apg. 19,9). Und dennoch, trotz alledem, hörte die Stadt Ephesus zwei Jahre lang das Evangelium. Und von dieser Stadt aus erfüllte das Evangelium die ganze Region: „Dies aber geschah zwei Jahre lang, so daß alle, die in Asien wohnten, sowohl Juden als Griechen, das Wort des Herrn hörten" (Apg. 19,10). Als Paulus schließlich Kleinasien verließ, konnte er der Gemeinde in Rom sagen: „Nun aber, da ich in diesen Gegenden keinen Raum mehr habe …" (Röm. 15,23).

Gott möchte dich bei der Errettung ganzer Städte gebrauchen

Wenn Gott dich gebrauchen soll, deine Stadt für Jesus zu erreichen, wird dies durch kraftvolle Evangelisation getan werden/geschehen müssen, getragen von einem ebenso kraftvollen Gebetsleben.

Es wird notwendig sein, ein klares verbales Zeugnis vom Evangelium abzulegen. So war es in Jerusalem. Das Wort sagt: „Und sie wurden alle mit Heiligem Geist erfüllt und fingen an, in anderen Sprachen zu reden, wie der Geist ihnen gab auszusprechen" (Apg. 2,4). Das Resultat war, daß an jenem Tag etwa dreitausend zu ihnen hinzugefügt wurden (Apg. 2,41).

Trotz aller Opposition und sogar Verfolgung hatten sie sich der Evangelisation verschrieben.

> Und nun, Herr, sieh an ihre Drohungen und gib deinen Knechten, dein Wort mit aller Freimütigkeit zu reden; und strecke deine Hand aus zur Heilung, und daß Zeichen und Wunder geschehen durch den Namen deines heiligen Knechtes Jesus. Und als sie gebetet hatten, bewegte sich die Stätte, wo sie versammelt waren: und sie wurden alle mit dem Heiligen Geist erfüllt und redeten das Wort Gottes mit Freimütigkeit. Apg. 4,29-31

Ähnliches geschah in der Stadt Antiochien. Einige Gläubige von Zypern und Kyrene konnten sich nicht beherrschen und sprachen zu den Griechen, und eine große Anzahl von ihnen glaubte und gab ihr Leben dem Herrn (Apg. 11,20-21).

Damit das Evangelium in deiner Stadt die Oberhand bekommt, wirst du eine Haltung der Entschlossenheit und Hingabe brauchen. Egal wie die

Umstände oder Widerstände aussehen mögen, Gott möchte, daß du das Wort Gottes in Kühnheit predigst. Zweifellos ist es wichtig, daß Zeichen der mächtigen Taten Gottes die Worte begleiten. Damit eine Stadt mit dem Evangelium erschüttert werden kann, ist es von größter Wichtigkeit, daß ein Evangelium der Kraft offenbart wird.

Die Kraft des Evangeliums wurde in der Stadt Jerusalem offenbart. Die Stadt hatte sich erhoben, Jesus zu töten; ihr religiöses Leben drehte sich um das Judentum. Und doch war sie in wenigen Wochen durchtränkt mit dem Evangelium, und Tausende um Tausende gaben ihr Leben dem Herrn. Sie konnten die Zeichen und Wunder nicht leugnen, die im Namen Jesu Christi geschahen. Die Menschen „entsetzten sich … und wunderten sich … Es kam aber über jede Seele Furcht, und es geschahen viele Wunder und Zeichen durch die Apostel“ (Apg. 2,7.43).

Ihr Entsetzen ist nur natürlich, wenn man bedenkt: „Durch die Hände der Apostel geschahen viele Zeichen und Wunder unter dem Volk …, so daß sie die Kranken auf die Straßen hinaustrugen und auf Betten und Lager legten, damit, wenn Petrus käme, auch nur sein Schatten einen von ihnen überschatten möchte. Es kam aber auch die Menge aus den Städten um Jerusalem zusammen, und sie brachten Kranke und von unreinen Geistern Geplagte, die alle geheilt wurden“ (Apg. 5,12.15-16). Deine Stadt wird betroffen sein, wenn die Menschen nicht nur deine kühne Predigt hören, sondern auch die begleitenden Zeichen sehen, die sie bestätigen.

Zeichen und Wunder folgten der Predigt des Wortes in Antiochien: „Und des Herrn Hand war mit ihnen, und eine große Zahl glaubte und bekehrte sich zum Herrn“ (Apg. 11,21). Genau dasselbe geschah in der Stadt Ephesus: „Und ungewöhnliche Wunderwerke tat Gott durch die Hände des Paulus, so daß man sogar Schweißtücher oder Schurze von seinem Leib weg auf die Kranken legte und die Krankheiten von ihnen wichen und die bösen Geister ausfuhren“ (Apg. 19,11-12).

Gebet – der Schlüssel zur Stadt

Fürbittegebet war der Schlüssel zu den Bekehrungen in Jerusalem. Die Gemeinde war ständig im Gebet. Sie widmeten sich dem Gebet (Apg. 2,42). Gebet war nicht limitiert auf Gebetstreffen oder eine Serie von Gebetsnächten oder speziellen Programmen. Gebet war ihr Lebensstil.

Gebet war nicht nur ein Mittel, mit Gott zu kommunizieren – es war ein Werkzeug zur Evangelisation. Es war die Art und Weise, Zeugnis zu geben und die Stadt zu erreichen. Während sie für die Menschen beteten, bestätigte Gott sie mit Zeichen und Wundern. Folglich war die Empfänglichkeit der Menschen groß, und viele kehrten um zum Herrn und schlossen sich der Gemeinde an.

Viele wunderbare Dinge geschehen gerade jetzt in Städten. In seinem ersten Brief an Timotheus sagt uns Paulus, wie wir unsere Städte durch Gebet erreichen können, das Gottes Wunder hervorbringt und die Tür des Evangeliums öffnet:

- Bete für jedermann in einer Stadt: „Ich ermahne nun vor allen Dingen, daß Flehen, Gebete, Fürbitten, Danksagungen getan werden für alle Menschen" (1. Tim. 2,1).
- Bete für die Autoritäten und die Menschen in Schlüsselpositionen in der Stadt: „… für Könige und alle, die in Hoheit sind" (1. Tim. 2,2).
- Bete, daß alle errettet werden mögen: Wir müssen in Einklang sein mit dem Willen Gottes, „welcher will, daß alle Menschen errettet werden und zur Erkenntnis der Wahrheit kommen" (1. Tim. 2,4).
- Bete, wo die Menschen sind: „Ich will nun, daß die Männer an jedem Ort beten, indem sie heilige Hände aufheben" (1. Tim. 2,8).

Viele Jahre lang ist die Gemeinde verborgen gewesen, und die Städte sind in Finsternis versunken. Doch wenn die Gemeinde aufsteht und leuchtet, verändert sich alles. Am Tag nach einer unserer Evangelisationen in Spanien klopfte jemand an die Tür des Pastors und sagte: „Seit Jahren wohne ich nun hier, aber noch nie habe ich diese Gemeinde gesehen." Wie unglaublich!

Wir müssen Salzgefäße sein. Der Text zu Anfang dieses Kapitels bezieht sich auf eine städtische Umgebung: „Und die Männer der Stadt sagten zu Elisa: Sieh doch, die Lage der Stadt ist gut, wie mein Herr sieht. Aber das Wasser ist schlecht, darum kommt es im Land zu Fehlgeburten" (2. Kö. 2,19). Sie konnten sehen, daß die natürlichen Umstände der Stadt Jericho gut waren, doch da war etwas, was das ganze Gebiet unfruchtbar machte. Weil sie ihre Stadt liebten, baten sie den Mann Gottes um Hilfe. Der Grund, warum Gott viele Christen nicht zum Segen für ihre Stadt gebrauchen kann, ist, daß sie den Ort nicht lieben, an den Gott sie gestellt hat. Ständig beklagen sie sich über Umweltverschmutzung, den Verkehr, das

Klima, die Übervölkerung und viele andere Dinge. Gott wird uns nicht gebrauchen können, wenn wir nicht zuerst unsere Städte lieben.

Aufgrund der Tatsache, daß die Stadt Jericho nahe am Toten Meer gelegen war, war ihr Wasser salzig und schwefelhaltig. Das Wasser war weder geeignet zur Bewässerung noch als Trinkwasser. So gab Elisa den Männern einen Auftrag:

> Da sagte er: „Bringt mir eine neue Schale und tut Salz hinein!“ Und sie brachten sie ihm. Und er ging hinaus zu der Quelle des Wassers, warf das Salz hinein und sagte: „So spricht der Herr: Ich habe dieses Wasser gesund gemacht. Nicht mehr soll Tod und Fehlgeburt daraus entstehen.“ 2. Könige 2,20-21

Zweifellos hat deine Stadt viele Probleme und Sünden. Deine Stadt hat Wasser des Todes und der Krankheit. Deine Stadt kann nur geheilt werden durch das Evangelium von Jesus Christus. Damit das geschehen kann, muß Gott Salzgefäße gebrauchen können.

Jesus lehrte uns, daß wir das Salz der Erde sind. Doch wenn das Salz kraftlos wird, taugt es zu nichts mehr als hinausgeworfen und von den Menschen zertreten zu werden (Mt. 5,13). Wir sind Salzgefäße mit der Bestimmung, das Land zu heilen. Der Töpfer hat dich zu einem Salzgefäß gemacht, das deine Stadt heilt. Er möchte dich gebrauchen, so daß du eines Tages, wenn du über deine Stadt sprichst, sagen kannst: „Nicht mehr soll sie Tod bringen oder das Land unfruchtbar machen.“ Möge Gott dies sehr bald geschehen lassen.

19. Gefäße der Herrlichkeit

… und damit er den Reichtum seiner Herrlichkeit an den Gefäßen der Begnadigung kundtue, die er zur Herrlichkeit vorher bereitet hat.

Römer 9,23

Wir beginnen ein neues Jahrzehnt, ein neues Jahrhundert – ein neues Jahrtausend. Wir sollten eine klare Vision von der Welt haben, die für Jesus Christus eingenommen werden muß. Gott möchte den Reichtum seiner Herrlichkeit weltweit bekannt machen und hat sich entschieden, dich und mich zu gebrauchen, einfache Gefäße aus Ton, in dieser Welt seine Gefäße der Barmherzigkeit zu sein.

Unsere Gesellschaft ist angefüllt mit allen Arten von Bösem. Ein beträchtlicher Anteil der Weltbevölkerung leidet unter Hungersnot und entbehrt sogar die grundlegendsten Dinge. Trotz aller Anstrengungen der Welthungerhilfe-Organisationen, Bewußtsein für diese Nöte zu wecken, und ihrer Versuche, eine Veränderung zu schaffen, wird unser Planet weiterhin ausgebeutet. Gewalt, Tod, Ungerechtigkeit und Korruption sind unser tägliches Brot. Die Technologie, mit all ihren Bereicherungen und Bequemlichkeiten, hat nicht dazu beigetragen, viele der grundlegendsten Probleme zu lösen, und bietet auch keine zufriedenstellende Lösung für die geistlichen Bedürfnisse des Menschen an. Aus genau diesem Grund gehen viele zu okkulten Gruppen und in den Satanskult in der Hoffnung, eine Lösung für ihre Unzufriedenheit zu finden.

Der Mensch ohne Gott befindet sich im freien Fall. Moralische, religiöse und familiäre Probleme, Rassenprobleme sowie unser eigener innerer Konflikt lassen uns nach einer Veränderung schreien. Die Gemeinde hat die Möglichkeit, dies Wirklichkeit werden zu lassen. Gott ist fähig, die Situation umzukehren, aber er wartet darauf, daß wir, seine Gemeinde, ein für allemal die Macht und die Autorität ergreifen, die er uns gegeben hat. Wir müssen aufwachen und das mächtige Evangelium von Jesus Christus verkündigen. Wir stehen kurz vor einer großen weltweiten Erweckung. Der Teufel weiß das und versucht, Konfusion, Spaltung und Ablenkung zu bringen, um eine solche Bewegung des Heiligen Geistes zu verhindern. Jetzt ist die Zeit, ernsthaft über den Missionsbefehl nachzudenken, und Gott wird seinen Teil tun und seine große Erweckung ausgießen. Der Reichtum seiner Herrlichkeit wird auf der ganzen Erde bekannt werden!

Ein mächtiges Gebet

Es gibt einen gemeinsamen Nenner in der Geschichte von Erweckungen: Die Gemeinde kehrt zurück zum Gebet. Berridge pflegte zu sagen: „Jede Erweckung beginnt in der geheimen Kammer; kein Herz brennt vor Glauben ohne geheime Unterredungen mit Gott, und nichts kann deren Platz einnehmen.“ Matthew Henry zeigte auf: „Wenn Gott kurz davor steht, einen Akt großer Gnade für sein Volk zu vollbringen, wird er es zuallererst einladen zum Gebet.“ Lieber Freund, Gott spricht eine Einladung an dich aus. Er lädt dich ein, für Erweckung zu beten.

Gott will eine Erweckung über uns ausgießen, die die ganze Welt erreichen wird, aber wir müssen dafür beten, so wie Habakuk es tat. Ohne Gebet wird es keine Erweckung geben.

Jemand nannte das Gebet ganz richtig das Dornröschen der Gemeinde. Die Leute sind interessiert an allen Arten von Gemeindeaktivitäten. Doch immer, wenn ein Gebetstreffen einberufen wird, sagen wir: „Heute gehe ich nicht in die Gemeinde; es ist ja nur ein Gebetstreffen.“ Gott sei Dank hat sich das aufgrund der Bewegung des Heiligen Geistes in den letzten Jahren geändert, aber wir haben immer noch einen weiten Weg vor uns.

Gott fordert uns auf, für die Erweckung seines Werkes zu beten. Es ist schon in Ordnung, Gott unsere Nöte vorzutragen; wir sollten nicht aufhören, das zu tun. Er sagt in seinem Wort: „Laßt eure Anliegen vor Gott kundwerden“ (Phil. 4,6). Doch wann hast du das letzte Mal für eine Erwekkung des Werkes Gottes gebetet?

Habakuk brachte seine Bedürfnisse und die seines Volkes vor Gott, aber er beließ es nicht dabei. Er betete:

> Herr, ich habe deine Botschaft vernommen. Ich habe, Herr, dein Werk gesehen. Inmitten der Jahre verwirkliche es, inmitten der Jahre mache es offenbar! Im Zorn gedenke des Erbarmens!
>
> Habakuk 3,2

Kannst du dir vorstellen, was Gott als Antwort auf die Gebete seiner Kinder tun wird? Bist du dir der Kraft bewußt, die freigesetzt werden wird, wenn Kinder, Jugendliche und Erwachsene anfangen, für Erweckung zu beten?

In seiner Epoche schreit der Prophet um eine Erweckung des Werkes Gottes. Was war die Situation Israels in jenen Tagen? Es waren Tage der Zerstörung, Missetat und Gewalt. Es waren Augenblicke großer Korruption, Ungerechtigkeit, Habgier, Unterdrückung und Götzendienstes. Hier, inmitten einer dramatischen Situation, bittet Habakuk den Herrn, sein Werk zu beleben.

Unsere Situation ist jener sehr ähnlich. Wohl mehr als je zuvor in der Geschichte der Menschheit sehen wir dieselben Anzeichen als Beweis, daß die Bosheit der Menschen zugenommen hat. Christen können unterschiedliche Positionen oder Stellungen dazu einnehmen. Die erste Option ist *Resignation*. Wir sagen: „Es wird immer schlimmer; es gibt keine Lösung. Es gibt nichts, was wir tun könnten." Skepsis und Hoffnungslosigkeit beginnen, unser Leben zu beherrschen. Genau so begann Habakuk: „Wie lange, Herr, rufe ich schon um Hilfe, und du hörst nicht! Wie lange schreie ich zu dir: Gewalttat! – doch du rettest nicht?" (Hab. 1,2)

Eine andere Möglichkeit ist *Klage*. Habakuk war auch mit dieser Haltung gut vertraut: „Warum läßt du mich Unrecht sehen und schaust dem Verderben zu ...?" (Hab. 1,3). Doch sicher stimmst du mit mir überein, daß keine dieser beiden Alternativen die richtige ist. Resignation und Klage sind nicht angemessen, den Zustand unserer Welt zu verändern.

Habakuk geht schließlich den richtigen Weg: Er betet, daß Gott die Veränderung hervorbringen möge; er betet, daß Gott sein Werk zu seiner Zeit beleben möge.

Die New American Standard Übersetzung schreibt: „Erwecke dein Werk inmitten der Jahre, inmitten der Jahre mache es bekannt" (3,2). Laß dies heute zu deinem Gebet werden. Resignation ist das Gebet der Niederlage und Hoffnungslosigkeit. Klage ist der verzweifelte Schrei der Machtlosigkeit. Doch Gottes Volk ist nicht besiegt, überwältigt oder machtlos. Gottes Volk hat außergewöhnliche Ressourcen zu Zeiten der Not: Gebet für eine Erweckung des Werkes Gottes.

Die Bibel lehrt uns, daß die triumphale Wiederkunft Jesu Christi, sein zweites Kommen, völlig anders sein wird als sein erstes Kommen. Er wird auf einem weißen Pferd kommen, bereit, Gericht zu vollziehen. Er wird nicht länger all seiner himmlischen Herrlichkeit entäußert sein, sondern gekleidet in Glanz und Herrlichkeit. Er wird nicht als Diener kommen, sondern als König. Er wird nicht in einer Krippe geboren werden, sondern Autorität und Macht haben. Er wird nicht kommen, um an einem Kreuz zu sterben, sondern er wird kommen, um die Welt zu richten.

Diese götzendienerische Welt, korrupt und voller Unterdrückung, Gewalt und Sünde, wird gerichtet, gewogen und als unzulänglich befunden werden. Doch das Gebet von Habakuk, wie auch unser Gebet, lautet: „Herr, im Zorn gedenke der Gnade. Bevor du die letzte Strafe ausübst, deinen letzten Zorn, gedenke der Gnade, o Gott. Vor dem Gericht sende eine große Erweckung zu allen Menschen."

Wenn wir so die gegenwärtige Situation der Welt betrachten, laß uns nicht entmutigt werden oder klagen. Gott gebietet uns, dieses mächtige Gebet zu sprechen: „O Herr, erwecke dein Werk in unseren Tagen, o Gott. Vollbringe deine großen Taten der Vergangenheit nun in unseren Leben."

Ein mächtiges Zeugnis

Göttliche Aktion ist die Antwort auf Gebet. Wenn du wissen willst, was Gott bald tun wird, mußt du dir ansehen, was er in der Vergangenheit getan hat. Was sind die großen Taten der Vergangenheit? Kein Zweifel, die Liste wäre endlos. Habakuk erinnert uns an einige dieser großen Taten Gottes in der Vergangenheit.

- Der Prophet erinnert sich an die Wunder, die Gott in Ägypten getan hat: „Vor ihm her geht die Pest, und die Seuche zieht aus in seinem Gefolge" (3,5).
- Er erinnert sich an die Spaltung des Roten Meeres: „Entbrannte dein Zorn gegen die Ströme, Herr, gegen die Ströme, oder dein Grimm gegen das Meer ...?" (V. 8). Wenn das Durchqueren des Roten Meeres die Erinnerung an Befreiung ist, dann ist das Durchqueren des Jordanflusses die Erfüllung dieser Befreiung, der Einzug ins Verheißene Land.

· Er erinnert sich an jenen unglaublichen Akt Gottes inmitten seines Volkes, als Gott Sonne und Mond stillstehen ließ: „die Sonne, der Mond steht still in seiner Wohnung" (V. 11). Es war, als Josua im Beisein von Israel zum Herrn sprach: „Sonne, stehe still zu Gibeon, und Mond, im Tal Ajalon! Da stand die Sonne still, und der Mond blieb stehen, bis das Volk sich an seinen Feinden gerächt hatte. Ist das nicht geschrieben im Buch Jaschar? Die Sonne blieb stehen mitten am Himmel und beeilte sich nicht unterzugehen, ungefähr einen ganzen Tag lang. Und es war kein Tag wie dieser, weder vorher noch danach, daß der Herr so auf die Stimme eines Menschen gehört hätte; denn der Herr kämpfte für Israel" (Jos. 10,12-14).

In Zeiten der Not sind wir aufgerufen voranzuschauen, während wir uns an Gottes Taten in der Vergangenheit erinnern. Wir erinnern uns an Seine Werke der Befreiung, der Rettung, der Pracht und der Herrlichkeit.

Ein mächtiges Ende

Wenn wir für Erweckung beten, berufen wir uns auf Gottes Verheißungen. Er verheißt uns, daß die ganze Erde erfüllt sein wird mit der Erkenntnis seiner Herrlichkeit, so wie die Wasser das Meer bedecken (Hab. 2,14). Er versichert uns, daß seine Herrlichkeit die Himmel bedeckt und sein Ruhm die Erde erfüllt (3,3). Er verspricht uns, daß seine Pracht ist wie der Sonnenaufgang, daß Strahlen blitzen aus seiner Hand, die die Kraft zeigen, die in ihm verborgen ist (3,4).

Wenn wir zum Herrn um Erweckung beten, wissen wir, daß unser Gebet schon erhört worden ist. Wenn wir dem Willen Gottes gemäß beten, wie es in seinem Wort heißt, können wir sicher sein, daß unser Gebet erhört wird. Gott trägt uns auf, für Erweckung zu beten, ganz einfach deshalb, weil er Erweckung senden will.

Möchtest du gern wissen, was geschehen wird? Wie in der Vergangenheit, so wird Gott eine Erweckung bringen, wo dem Wort große Wunder folgen werden. Wie bei den Zeichen, die in Ägypten getan wurden, wird Gott unsere Worte mit mächtigen Taten bestätigen.

Gott wird eine Erweckung bringen, in der wir ganz klar den Sieg über unseren Feind erleben werden, genau wie damals, als er das Rote Meer teilte, und die Feinde seines Volkes in den Wassern begraben wurden. Gott wird eine Erweckung bringen, die aus einer Bundesbeziehung und aus dem Gehorsam seinem Wort gegenüber hervorgehen wird. Es wird nicht nur eine emotionale Erweckung sein. Es wird eine auf seinem Wort gegründete Erweckung sein und wird uns zu einer echten Erneuerung unseres Bündnisses mit unserem Gott und einer totalen Hingabe an ihn und sein Reich führen. So wie in Sinai wird Gott sich selbst offenbaren und seine Herrlichkeit und seinen Glanz bekannt machen.

So wie damals, als sein Volk den Jordan überquerte, wird er eine Erweckung zur Errettung der Welt bringen. Wir haben schon Anfänge davon gesehen, und es wird zunehmen. Die Prophetie – die besagt, daß der Geist ausgegossen werden wird auf alles Fleisch, und daß jedes Knie sich beugen und jede Zunge bekennen wird, daß Jesus Christus Herr ist – wird erfüllt werden.

So wie Sonne und Mond aufgrund des Gebetes eines gottesfürchtigen Mannes stillstanden, so wird der Herr eine siegreiche Erweckung mit Zeichen und Wundern bringen, um uns daran zu erinnern, daß Gott für uns kämpft.

Basierend auf dem Buch Habakuk können wir sicher sein, daß Gott seine Verheißungen erfüllen wird. Sein Wort ist sicher: „Entblößt, entblößt ist dein Bogen, Pfeilflüche sind (dein) Reden! Sela. Zu Strömen spaltest du die Erde“ (Hab. 3,9). Gott erfüllt schlicht und einfach seine Verheißungen seinem Volk gegenüber. Gott lügt nicht. Gott ist kein Mensch und kein Menschensohn, daß er lügen würde. Sein Wort ist *ja* und *amen*. Seine Verheißungen sind *ja* und *amen*.

Gott ist derselbe gestern und heute und in Ewigkeit (Heb. 13,8). Die Umstände dieser Welt verändern sich ständig, doch Gott steht hoch über allen Umständen: „Der Herr aber ist in seinem heiligen Palast. Schweige vor ihm, ganze Erde!“ (Hab. 2,20)

Als der Prophet aufhörte zu klagen und auf seinen Gott sah, erinnerte er sich, was der Herr früher für sein Volk getan hatte, und sein Herz wurde verändert. Aus der Bitterkeit der machtlosen Klagen bewegte er sich in die Freude dessen, der seine Zukunft auf völlig andere Weise wahrnehmen kann, weil sein Gott sich nicht verändert und sein Verlangen, zugunsten seines Volkes zu wirken, immer noch unverändert ist.

Der Prophet ließ seine Qualen hinter sich. Als er den Allmächtigen, den Gott aller Wunder, betrachtete, stand er voller Ehrfurcht und begann zu jubeln. Eine unbeschreibliche Zuversicht erfüllte sein Herz, und er verstand, er würde von diesem Augenblick an auch den widrigsten Umständen mit Freude begegnen können in dem Wissen, der Herr wird ihm den Sieg geben.

Gottes Herrlichkeit steht auf dem Spiel (3,3). Gott kann nicht verspottet oder besiegt werden. Die ganze Erde wird voll seines Ruhmes sein. Gott wird Erweckung über alles Fleisch senden, weil er beschlossen hat, daß die ganze Erde erfüllt werden wird mit der Erkenntnis seiner Herrlichkeit, so wie die Wasser das Meer bedecken (2,14). Er hat schon vor Erschaffung der Welt beschlossen, wenn die Zeit erfüllt sein wird, alle Dinge im Himmel und auf Erden unter Christus zu vereinen, damit wir zum Lobpreis seiner Herrlichkeit dienen würden (siehe Eph. 1,3-14). Seine Herrlichkeit steht auf dem Spiel.

Der Prophet verkündet: „Denn das Gesicht gilt erst für die festgesetzte Zeit, und es strebt auf das Ende hin und lügt nicht. Wenn es sich verzögert, warte darauf; denn kommen wird es, es wird nicht ausbleiben" (Hab. 2,3). Eine Erweckung kommt auf die Erde. Nicht weil wir es verdienten, sondern aufgrund von Gottes unendlicher Gnade. Das Volk Juda, direkte Empfänger dieser Verheißung, hätten Strafe und Unterdrückung verdient. Doch Gott verhieß ihnen eine Erweckung, einfach aus seiner Liebe zu ihnen. Er wird große Dinge für uns tun aus seiner Liebe zu seiner Gemeinde, und ganz besonders aus seiner Liebe zu den Verlorenen. Er wird das Werk Jesu allen Völkern bekannt machen, bis an die Enden der Erde.

Der Töpfer will uns zu Gefäßen der Herrlichkeit machen, Gefäßen, die seine Herrlichkeit in der Welt bekanntmachen werden. Christus, der kostbare Schatz, ist in unserem Leben gegenwärtig. Unser einfaches Tongefäß enthält einen unglaublichen Schatz. Wird der Glanz seiner Herrlichkeit aus unseren Herzen zu jedem Verlorenen fließen, zu jedem, der Not leidet? Er stellt unser Leben wieder her, doch nicht, damit wir mit einer neuen und frischen Berührung seines Geistes zufriedengestellt werden, sondern damit wir Kanäle seiner Erweckung werden. Und all das beginnt mit Gebet.

20. Schlussworte

Ich bin ebenso in guter Zuversicht, daß der, welcher ein gutes Werk in euch angefangen hat, es vollenden wird bis auf den Tag Christi Jesu.
Philipper 1,6

Viele Jahre lang war mein Dienst eine einzige große Wüste. Es gab keine Frucht. Unsere kleine Gemeinde am Parque Chás war leer. Meine Kollegen im Dienst gingen voran, doch ich schien festzustecken. Das waren Zeiten des Zerbruchs, Zeiten, in denen ich mir selbst abstarb. Ich mußte lernen, völlig vom Herrn abhängig zu sein und im Glauben zu wachsen. Alles, was ich tun konnte, war, sein Angesicht zu suchen. Viele Male dachte ich daran, aufzugeben, fand keine Kraft mehr weiterzugehen, doch der Töpfer war am Werk an mir.

Eines Tages ging ich Rafael Hiatt besuchen, einen Missionar, der uns sehr nahestand und uns während dieser Wüstenzeit immer ermutigt hatte. Ich dachte, wenn er uns finanziell helfen könnte, könnten wir ein neues Gemeindegebäude kaufen und die Nachbarschaft evangelisieren. „Du hast die Antwort, die wir brauchen," sagte ich ihm. „Wenn du einen Brief schreibst an irgendeinen Dienst, der uns mit Finanzen für unser Projekt unterstützen kann, werden wir das neue Gebäude kaufen und eine Evangelisation durchführen."

Rafael sah mich mit Augen voller Liebe an, so wie immer, und fing plötzlich an zu weinen. „Wunderbar!", dachte ich, „ich habe ihn überzeugt". So nutzte ich die Gelegenheit, ihn daran zu erinnern, daß ich ganz allein kämpfte und keiner kommen und mir helfen wollte. Meine Klassenkameraden von der Bibelschule hatten wachsende Gemeinden und viele empfingen Unterstützung von anderen Diensten, ich jedoch nicht.

Schließlich, nach meiner langen Rede, sah Rafael mich an und sagte: „Claudio, ich würde es ja so gern tun…“

„Nun, worauf wartest du dann?“, fragte ich.

Er fuhr fort: „… doch leider kann ich es nicht tun.“ Ich fühlte einen Kloß im Hals. „Claudio, ich empfinde nicht, daß dies Gottes Wille ist. Bete zum Herrn, und er wird dich versorgen. Suche ihn, und du wirst neue Höhen erklimmen. Gott prüft deinen Glauben. Verlaß dich nicht auf Menschen; es gibt einen, der absolut ausreichend und mächtig ist, und deine schwierigen Umstände können nur von ihm verändert werden.“

Ich muss ganz ehrlich sagen, daß ich jenen Ort noch frustrierter verließ, als ich gekommen war, nachdem ich eine Stunde lang mit Rafael gesprochen und seine liebevollen, sanften Worte empfangen hatte. Er hatte mir gesagt: „Gott ist deine Quelle, suche ihn.“ Doch ich suchte verzweifelt nach einer Abkürzung. Erst heute, nach vielen Jahren, kann ich die Weisheit jener Worte würdigen. Jene Jahre des Versagens lehrten mich viel. Als meine eigenen Mittel schließlich erschöpft waren, entdeckte ich Christus als die Quelle meines Lebens, als meine einzige Hoffnung.

Ich kann bezeugen, wie der Töpfer mein Leben geformt hat. Was aussah wie Versagen, Verzögerungen, Rückschritte, nahm er als Gelegenheiten, seine Hände an mich zu legen, ein Tongefäß, und mich seinem Willen gemäß zu formen. Ich konnte sehen, wie die Verheißung der Bibel Stück für Stück Realität wurde in mir: „Ich bin ebenso in guter Zuversicht, daß der, welcher ein gutes Werk in euch angefangen hat, es vollenden wird bis auf den Tag Christi Jesu“ (Phil. 1,6).

Dein Leben mag fruchtlos sein und der Wiederherstellung bedürfen. Mein Gebet ist, daß du während des Lesens dieser Seiten dem Heiligen Geist erlaubt hast, sein Werk in dir zu vervollkommnen und dich ganz neu anzurühren. Ich möchte dich ermutigen, diese Worte in die Tat umzusetzen. Ich fordere dich liebevoll heraus, von jetzt an die richtigen Entscheidungen zu treffen, in der Gemeinschaft mit dem Herrn zu wachsen und die Salbung, die in dir erneuert wurde, gut zu bewahren.

Erlaube mir, dir ein Wort der Ermutigung zu geben. Wir hören häufig die Forderungen aus Gottes Wort und bemerken gar nicht die wunderbare Gnade, die damit einhergeht und uns befähigt, sie zu erfüllen. Versuche nicht, es in deiner eigenen Kraft zu tun, sondern erlaube jeden Tag dem Heiligen Geist, dich zu erfüllen. Verliere nie deinen Durst nach ihm. Versuche nie, Gott nur dann zu suchen, wenn du mitten in einer Krise steckst, sondern suche ihn mehr und mehr jeden Tag.

Vergiß nicht, obwohl du nur Ton bist, hat der Töpfer dich genommen, zu einem Gefäß gemacht und erfüllt, so daß du ein Gefäß zur Ehre sein kannst. Gib dich mit nichts Geringerem zufrieden!

Wir haben einen unglaublichen Schatz in tönernen Gefäßen!

ÜBER DEN AUTOR

Reverend Claudio Freidzon ist der Gründer und gegenwärtige Pastor der Gemeinde „König der Könige“ (Iglesia Rey de Reyes), einer den „Assemblies of God“ angeschlossenen Gemeinde in Buenos Aires, Argentinien. Seine schnellwachsende Versammlung von mehreren tausend Menschen befindet sich in Belgrano, einem Stadtviertel im Herzen von Buenos Aires.

Heute hat Gott ihn berufen und gesalbt, nicht nur seiner Gemeinde, sondern auch Gemeinden, Pastoren und Leitern auf der ganzen Welt zu dienen durch mehrere Evangeliumsveranstaltungen und Konferenzen pro Jahr.

Er hat Theologie in der Bibelschule Río de la Plata (Instituto Bíblico Río de la Plata) studiert, einer Schule der „Assemblies of God“, wo er 1977 seinen Abschluß machte. Er diente als Bibellehrer in mehreren der großen Bibelschulen. Seine Studien vervollständigte er im Instituto de Superación Ministerial (ISUM, Institut für professionellen Dienst), wo er einen Titel in Theologie erhielt. Mehrere Jahre lang bekleidete er in der Stadt Buenos Aires die Position eines Presbyters über alle den „Assemblies of God“ angeschlossenen Gemeinden.

Im Jahre 1986 gründete er die Gemeinde „König der Könige“ in Belgrano, wo er durch Training und Evangelisationszellen eine Vision der Multiplikation entwickelte und durch ein effektives Programm an der Formung von Leitern arbeitete, das persönlichen Dienst und Training beinhaltet. Sein Ziel ist es, die Stadt und die ganze Nation mit dem Evangelium von Jesus Christus zu erreichen. Im Jahre 1992 führte ihn seine persönliche Suche in eine tiefe Begegnung mit dem Heiligen Geist, die sein Leben und seinen Dienst völlig revolutionierte. Eine frische Salbung überströmte die Gottesdienste in der Gemeinde „König der Könige“ in einer erstaunlichen und herrlichen Weise. Tausende von Menschen aus aller Welt reisten dorthin, um geistlich erfrischt zu werden.

Er ist Autor des Buches *Heiliger Geist, ich habe Hunger nach dir*, das in neun Sprachen übersetzt worden ist. Er leitet auch mehrere evangelistische Programme im Radio und Fernsehen.

Sein Dienst ist charakterisiert durch eine mächtige Manifestation des Heiligen Geistes durch Zeichen und Wunder sowie eine Christus-zentrierte Verkündigung im Licht der Heiligen Schrift. Er hat durch Konferenzen und Evangeliums-Feldzüge über zwei Millionen Menschen weltweit erreicht.

Wo auch immer er predigt, sind das Resultat Bekehrungen, Zeugnisse von Wundern und tiefer geistlicher Erneuerung, und zwar sowohl in Pastoren als auch in Laien.

Kontaktadresse:

Pastor Claudio Freidzon
Iglesia Rey de Reyes – Ministerio a las Naciones
Olazábal 2547 – (1428) Buenos Aires
República Argentina
Tel/Fax: 005411-47890047
www. reydereyes. sion. com
E-mail: reydere @ ibm. net

ed sylvoso
frauen
der trumpf
gottes